九州大学
人文学叢書
9

南宋の文人と出版文化

王十朋と陸游をめぐって

甲斐雄一

九州大学出版会

目次

凡　例

本書で引用する古典文献資料の版本は、それぞれ注釈で示しているが、王士禎と陸游については以下の通りである。

〔王士禎〕
王士禎の詩文及びその巻次は、『王士禎全集』（梅渓集重刊委員会編、上海古籍出版社、一九九八年、引用時は『全集』と略称）に拠り、『梅渓集』四部叢刊本・四庫全書本を適宜参照した。

〔陸游〕
陸游詩のテキストは銭仲聯『剣南詩稿校注』（中国古典文学叢書、上海古籍出版社、一九八五年）に拠り、文については『陸放翁全集』（台湾中華書局、一九六六年）所収『渭南文集』影印に拠った。

なお、引用文の括弧内は、筆者による補充・説明である。

南宋の文人と出版文化

——王十朋と陸游をめぐって——

序章

一　宋代文人と版本の普及

二十一世紀を迎えた現在、我々はインターネット上で様々な情報を居ながらにして手に入れることができる。そして今や、書籍の本文でさえ、ネット上で読むことができつつある。(1) インターネットという技術によって、書籍の本文は電子データとして保存され、読者に供されるようになったのである。

中国文化史において宋代、とりわけ南宋期は、版本という新たな記録媒体が普及し、一般化していった時代であった。インターネットが我々の日常生活を一変させたことに鑑みても、版本の普及という現象が、宋代文人の文化的営為にもたらした変化は、さぞかし大きかったと思われる。例えば、南宋の陸游《りくゆう》（一一二五～一二一〇）の発言からは、新たな媒体である版本に対する不信感が見て取れる。

子發嘗謫春州、而集中作「青州」、蓋字之誤也。「題遠峽觀音院」詩作「青州遠峽」、則又因州名而妄竄定也。前輩謂印本之害、「一誤之後、遂無別本之可證」、眞知言哉。「病馬」詩云「塵土臥多毛已暗、風霜受盡眼猶明」、足爲當時佳句。此本乃以「已」爲「色」、「猶」爲「光」、壞盡一篇語意、未必非妄校者之罪也。可勝嘆矣。

子発（盧肇の字）嘗て春州に謫せらるるに、而して集中「青州」に作るは、蓋し字の誤りならん。「遠峡観音院に題す」詩「青州遠峡」に作るは、則ち又《また》州名に因りて妄《みだ》りに竄定するなり。前輩 印本の害を謂へらく、「一たび誤れるの後、遂に別本の証すべき無し」と、真に知言なるかな。「病馬」詩に云ふ「塵土 臥すこと多くして毛 已に暗く、風霜 受け尽くして眼 猶ほ明らかなり」と、当時の佳句と為すに足れり。此の本乃ち「已」を以て「色」と為し、「猶」もて「光」と為すは、一篇の語意を壊し尽くせり、未だ必ずしも妄りに校する者の罪に非ずんばあらざるなり。嘆くに勝《た》ふべし。

（陸游「跋唐盧肇集」、『渭南文集』巻二十八）

この跋文に述べられるのは、中唐・盧肇の詩集『盧肇集』所収の詩題及び詩の本文についての異同であり、陸游は先人の「本文が一度間違ったら、もう他のテキストで確認できない」という言葉を引き、版本の誤りについて苦言を呈している。陸游が「知言」とするこの版本（印本）への批判を裏返せば、以下のようになるだろう。すなわち、ある文学作品の本文が正しい（あるいは良い）かどうかは、複数のテキストを突き合わせて定めるべきであると。これを一言で表せば校勘ということになるが、ここでは当時の文人の営為となっていた校勘[2]を不可能にするものとして版本は捉えられている。陸游のこの批判的な発言からは、版本の登場と普及が、文人の書籍にまつわる文化的営為に大きな変革をもたらしたであろうことを窺わせる。

実際、出版業の発展と版本の普及は、文人の文学活動の様態を広範化することに多大な影響を及ぼした。例えば文人の創作活動が当人（子弟を含む）、もしくは他人の編集を経て文集として結実することを以前より遙かに容易にしたし、また、普及した版本の購買（それらは文人の蔵書となる）、さらには読者の期待・反応を視野に入れた出版刊刻活動など、宋代以降常態化した「刻書・購書・蔵書」が文人の手に委ねられたのが、他ならぬこの宋代、とりわけ北宋中期以降という時期なのである。こうした潮流の中で、南宋期の文学作品については、**編集→刊刻→読者による入手及びその反応**という現代にも通じる流通の過程が、それ以前に比して具体的に分析できるのである。本書は、出版業の隆盛と版本の普及という画期的な文化現象が文学作品及びその作者に及ぼした影響について、作品の編集から読者の反応に至るまでの作品流通の過程を通して検討するものである。

二　南宋出版文化における地域性

宋代に大きく整備された官僚制度を支えたのは、その官僚の任用試験である科挙であった。この試験は、作文能力（詩を含む）の優れた者を公平に採用する制度であったため多数の参入を促し、新興の官僚層、そして後述する科挙周縁層を生みだすに至った。本書が扱う宋代文人とは、科挙周縁層を視野に入れつつ、官僚機構の一員であり、かつ文化人である「官僚文人」をまず中心とする。(3)

官僚である宋代文人は、政治システムの中で地方から離れて中央（北宋は開封、南宋は杭州）で活動し、またしばしば地方官として地方へ赴任する。すなわち、彼らの活動のフィールドは故郷を離れ、常に一定の流動性を有するようになったのである。[4]とりわけ、中原を中心とする淮河以北の地を失い、杭州に政治的中心を移した南宋期においては、長江を国家の大動脈として、流域の各地域がより重要性を増すようになった。[5]

南宋期における中国南部の社会は、程度の差こそあれ、各地域がそれぞれ経済的・文化的に大きく発展を遂げた。その発展現象の一つとして、この時期の出版業が、浙江・福建・江西・四川などの地域において隆盛したことが挙げられる。以下、各地域の出版業について概説する。[6]

①浙江

古くからの経済的中心であった浙江だが、南宋に至って杭州に行在所（臨安）が置かれ、浙江の各都市が首都とその衛星都市としての機能を果たしたことにより、さらに経済的な繁栄がもたらされた。さらに、科挙の中央試験である省試が実施されたことで、受験のため、あるいは太学に入るため多くの文人が集まり、そのことが出版業の発展にも大きく影響した。後に書商の陳起が非官僚文人の詩集『江湖集』を出版したことに鑑みれば、政治的中心と経済的中心が同一地に重なったことは、政治の担い手である文化人（士大夫）とその枠外にある人々（民間層の詩人や商業出版関係者）を強く結びつけたことが容易に推察されよう。

②福建

海外貿易の拠点となることで、宋代福建は沿岸部を中心に飛躍的な経済発展を遂げた。その経済力を背景に「昇官発財」を求めて科挙登第を目指す者も多く、科挙合格者数は宋代の路別では最多を誇る。こうした文化的発展を支えたのが北部内陸の建陽である。以降建陽は明代にまで続く出版の中心地となるが、南宋期においては、朱子学の提唱者、朱熹の出身地であり、朱子学が版本という媒体を効果的に利用して信奉者を獲得していったことも特筆すべき現象である。

③江西

宋代江西は北宋の欧陽脩・王安石・黄庭堅、南宋の洪邁・周必大・楊万里と、名だたる文人を輩出しており、当時の文化的先進地域であった。また、南宋期に特に重要性を増した長江交通の要衝でもあり、出版に必要な木材（版木・紙・墨）の入手と刊刻した書籍の運搬が極めて容易であったことにも注目すべきであろう。

④四川

四川は五代後蜀からの地方出版の伝統を有しており、また前述した他地域と比べても、戦火による書籍の亡佚が少なかったため、良質の書籍文化を独自に保っていたと考えられる。また盛唐の杜甫及び北宋の蘇軾や黄庭堅ゆかりの地であったため、彼らの詩文・真筆の保存に大きく貢献した。

以上、ここに概観した四つの地域での出版活動においては、そこに赴任した転運使・州知事などの地方官僚がその主体の一つとして重要な地位を占めた。南宋文人の文学活動と出版を考究するには、必然的に彼らの地方赴任に着目しながら考察を進めていかねばならない。出版刊刻という行為と直接結びつくものではないが、例えば地方への赴任、もしくは帰任時の長江流域の旅行記として双璧をなす陸游『入蜀記』と范成大『呉船録』などは、地方赴任という官僚の責務が文学史に彩りを添えた好例であろうし、楊万里が官職ごとに自らの詩を編集した「一官一集」のスタイルにおいても、地方赴任期のものが半数近くを占めている。(7) これらの地方赴任が文学作品創作の契機となっているような実例に鑑みても、南宋文学を捉える上で、地方赴任が重要なキーワードであることは自明であろう。

そして、地方に焦点を絞ったとき、各地方社会を活動の中心とした科挙周縁層（地方官付きの胥吏・州県学の教官や書院・私塾の教師など）の存在が浮かび上がってくる。彼らは、版本普及によって開放された書物を手にし、学問へ参入してきた階層であると言えよう。文学作品そのものは、あくまで官僚文人層を中心に生み出されたものであるが、その作品の流通を視野に入れた場合、こうした周縁層が果たした役割は決して軽視できないものとなる。ゆえに、本書においては、地方での文学創作と出版文化との関係について考察するために、作品流通の舞台としての各地方社会という観点を重視する。また、科挙周縁層を中心とした新たな文学の担い手に着目して、文学作品の創作主体の拡散という観点から検討を加えたい。

三　士大夫と中間層文人

本書では、地方郷村社会を活動基盤とする読書人（科挙周縁層を含む）や科挙に失敗した下第文人などの所謂「士人」層を中心とした文人層を「中間層文人」と呼称する。(8) 科挙に登第したか否か、また任官の意思があったか否かを尺度とせず、（作詩作文能力に代表される）一定程度の教養を有していたであろう階層を幅広くその対象とすることで、彼らの文学活動と出版の関係を包括的に考察するためである。とは言え、南宋期にその活動を確認されるようになってきた彼らは（あるいは射程を長くして明清期のそれを対象としたとしても）、そのほとんどを科挙周縁層と考えてさしつかえないであろう。それでは本書がなぜ、あえて中間層文人という呼称を用いるのか、いくつかの観点から説明を加えたい。

第一に、科挙周縁層という呼称には、その文人が「科挙を志向したか否か」という判断が常に伴ってくる。科挙を志向する文人の目的は官僚となることであるから、その志向のベクトルは下から上に向かう。それに対して、本書が捉えようとする文学創作主体の拡散という現象は、言うまでもなく上から下への方向性を持つものである。そこに科挙の影響が多大であることは事実であるが、拡散現象の当事者たる文人を「科挙を志向したか否か」のふるいにかけるのは必ずしも有用ではなく、むしろ「科挙を全く志向しない」純粋な民間文人を拡散の向かう一つの帰着点として設定することを困難にする恐れがある。

それと関連して、「中間」という語彙の持つイメージを重視したい。官と民、あるいは特権的存在を創作・受容の主体とする正統文学と広く民衆を巻き込んだ通俗文学の対立軸をもって社会や文化を語るモデルは論を立てやすく、またイメージして理解しやすい。しかしながら、宋代、とりわけ南宋という時代を研究していく上では、その対立構造をさらにクローズアップし、より詳細な構造を解明していく必要があるのではないか。如上の対立軸のまさに「中間」を考える、という意味で、中間層という呼称を使用したい。

次に、官僚士大夫層の下層について検討する際に浮き彫りとなる、階層の流動性に関する問題がある。周知の通り、官僚となりえた士大夫層がその特権的地位を維持するためには、科挙試験という関門を突破する必要があった。一族が何代にもわたって官僚を輩出し続けるのは容易なことではなく、宋代においても特殊な例と見なしてよいであろう。南宋の文人を個人レベルで見ていけば、官僚・非官僚で区別していくことは容易である。しかし、本人が官僚でなくとも、祖父や父が顕官で、文化的に優位な環境を背景に文学創作に関わることも可能である。つまり、一族レベルで文人たちの文化的環境を眺めていったとき、官僚士大夫層だけがその生存戦略を担っているわけではなく、そこからドロップアウトした（もしくは、まったく志向しなかった）者たちの存在が無視できない重さを持つのである。「中間層文人」という呼称には、この流動性の中で浮沈する存在を「中間層」として捉えようとする意図がある。

最後に、文学創作主体の拡散現象が持つ普遍性との関わりについて述べておきたい。創作主体が特権的存在から民衆・大衆へと開かれていく過程は、もちろん中国文学史のみに発生した現象ではない。これは近世文化、近世文学を考える上で普遍的な現象であろう。科挙周縁層の語をもってこれを分析していけば、中国文学における近世化の問題は説明できようが、そこに内在する普遍的な問題が矮小化される恐れがある。あえて「中間層文人」の語を用いる所以である。

これらの構想をもって南宋の中間層文人について検討していくのが本書の目的であるが、翻って、南宋に入っても文学創作の主役は、依然として官僚士大夫層であることを確認しておきたい。

中間層文人が文学創作の表舞台に登場することを可能にした要因に、出版業の隆盛と版本の普及がある。しかし、本書の中でも具体例を確認していくが、こうした出版メディアを積極的に利用できた文人は、なお限られた存在であった。官僚となって地方に赴任した文人は、その権限の下で公費を用いて出版刊行を行うことができる。そこに関与した胥吏を中間層文人と見なすことも可能ではあるが、具体的な状況を知る手がかりは決して多くない。これは、中間層文人の文学創作との関わり方に起因する。すなわち、中間層文人の活動は主に文学創作の出版刊行という作業に付随する編集という作業において確認されるのであって、彼らが本当の意味で創作主体となって発信するという事例は決して多くはない。

また、ここには資料の現存という問題も介在する。南宋以降の混乱と統一を幾度となく経て現在に至るまでに、官僚文人の文学作品であっても散佚してしまったものは少なくない。中間層文人ともなれば、その作品伝播の範囲も限定的であることが想像され、今に伝わる可能性は極めて低いものになってしまう。本書では、あくまで官僚士大夫層の視線や発言を主な資料として用い、彼らに付随する形で中間層文人を検討していく。

四　王十朋と陸游

本書は、南宋文人の中でも、王十朋《おうじっぽう》（一一一二～七一）と陸游（一一二五～一二一〇）の二人をその対象とする。以下、二人について概括し、本書がこの二人をもって南宋文人を代表させる理由について説明する。

王十朋、字は亀齢、温州楽清（浙江省楽清）の人で、紹興二十七年（一一五七）の科挙における首席合格者、すなわち状元《じょうげん》である。主戦派の筆頭であった張浚《ちょうしゅん》の北伐失敗（符離の敗戦）に連座する形で、知饒州（江西省鄱陽）に転じた後、夔州（四川省奉節）、湖州（浙江省呉興）、泉州（福建省泉州）の知事を歴任し、乾道七年（一一七一）に六十歳で死去した。

王十朋が状元登第直後に赴任地の紹興（浙江省紹興）で作った「会稽三賦」は、後に注釈を付されて単行本と

王十朋像（2008 年 12 月浙江省楽清県四都郷にて筆者撮影）

して刊刻されている。また、王十朋は第一章に述べるように、専権宰相として金との和議を推進した秦《しん》檜《かい》亡き後に擡頭した、張浚を中心とした主戦派グループの一員であった。彼は、地方赴任時の唱和集『楚東唱酬集』を自ら刊刻している。さらに、王十朋の名は後に福建の出版中心地・建陽において、「王状元」という敬称をもって書名に冠されるようになる。

陸游、字は務観、山陰（浙江省紹興）の出身であり、その生涯の多くを故郷で過ごしているが、夔州（四川省奉節）に始まり、南鄭、成都と九年間にも及ぶ四川への寄寓期をはじめ、外任の経験も少なくない。自らの編集を経た詩集『剣南詩稿』八十五巻に収める一万首近い詩に加え、『渭南文集』にも序跋文など多くの文章を収め、また随筆『老学庵筆記』、先述した旅行記『入蜀記』など、材料となる資料が極めて豊富な点も、検討する対象としてふさわしい。

さらに、山陰陸氏は南宋きっての蔵書家であり、陸游とその息子たちは詩集『剣南詩稿』を中心に、自ら出版刊刻を行っている。すなわち、蔵書・刻書をその活動とした南宋以降の文人の典型例としても捉えることができる。

このように、王十朋と陸游は共に地方を歴任した官僚文人であり、また『楚東唱酬集』や『剣南詩稿』のように、自らの作品を出版している点に共通点を見出すことができる。では、南宋当時の文学作品流通に携わっていた編集者・出版者たちは彼らをどう捉えていたのだろうか。それを端的に示すのが、『文選類林』に収められる王十朋の名を付した跋文である。

陸務觀言、「先世遺書至富、其工夫浩博。而有益於子孫者、惟『文選類林』。所以某等和墨行筆、有寸進之得者、皆此書是賴。誠傳家之至寶、未嘗輕示於人。」十朋與觀游《ママ》、情好等兄弟。獲貸此書拜觀、景仰前輩勤苦之迹、高風凜然、撫巻三歎。紹興戊寅良月朔、永嘉王十朋拜而書於巻末。

陸務観（陸游）言ふらく、「先世の遺書至富たりて、其の工夫浩博たり。而るに益を子孫に有する者は、惟《た》だ『文選類林』のみ。某等墨に和し筆を行かしめ、寸進の得有る所以《ゆえん》の者は、皆此の書に是れ頼ればなり。誠に伝家の至宝にして、未だ嘗て軽がるしく人に示さず」と。十朋と観游《ママ》（務観）、情好兄弟に等し。此の書を貸り獲て拝観し、前輩勤苦の迹を景仰すれば、高風凜然たり、巻を撫して三歎す。紹興戊寅（二十八年、一一五八）良月朔、永嘉　王十朋拝して巻末に書す。

（伝王十朋「跋文選類林」、『文選類林』[9]）

『文選類林』は『文選』所収詩文の語彙を分類した類書であるが、その跋文には、陸游による『文選類林』への高い評価を紹介した後、王十朋が兄弟同然のつきあいである彼から該書を借りて読み、深く感動したことが記されている。この跋文は王十朋の別集である『梅渓集』には採られておらず、また陸游の文章にも該書に触れる記述はない。かつ、王十朋と陸游の交友関係も、陸游が王十朋に詩二首を送っているのみであることから、[10]

陸游像（2015年9月浙江省紹興市三山にて筆者撮影）

恐らくは仮託であろう。つまり、この跋文は、当時の『文選類林』編集者あるいは出版者が、彼ら二人に仮託することによって生じる宣伝効果に期待していたことを示している。

ここで、作品の流通過程に彼らの詩文を置いて考えてみよう。王十朋は、その作品「会稽三賦」の場合、編集や刊刻が他者の手で行われている。さらには、大詩人である杜甫と蘇軾の詩集の集注本編集者や出版者に、その名声を利用された文人である。[11]陸游はそれとは異なり、自らの作品の編集や刊刻を自身（あるいは近親者）で行った文人である。要するに、王十朋は自らの文学活動（偽託を含む）の編集・刊刻を他人によって行われ、読者からの期待・反応のために利用された文人である。また、陸游は自作の編集・刊刻を自ら行っていることから、読者からの期待・反応をその活動に反映させたことが予想される。その作品の流通過程から考えてみると、この両者はかくのごとく好対照をなす文人なのである。ゆえに、本書では王十朋と陸游の二人をその対象として、論述を進めていく。

五　関連する先行研究の概要

本書は、南宋期の文学研究と出版文化史研究の二つの側面を有する。そのため、関連する先行研究は多岐にわたり、網羅的に紹介することが困難である。よってここでは、南宋文人の文学活動と出版の関係に言及している研究に限定し、研究対象を同じくする研究について概説する。

まず、王十朋についての先行研究には鄭定国『王十朋及其詩』（台湾学生書局、一九九四年）があり、その「王十朋及其詩之外縁研究」の第二章「王梅渓詩文集版本考」に、彼の作品がどのように編集・出版されたかについて簡単に紹介されている。管見の限り、王十朋研究の学術書はこの書のみである。

また、陸游の出版活動については、張麗娟・程有慶『中国版本文化叢書　宋本』上編「陸游父子的蔵書与刻書」（江蘇古籍出版社、二〇〇二年）及び朱迎平『宋代刻書産業与文学』第八章第六節「陸游父子与刻書」（中国伝統文学与経済生活研究叢書、上海古籍出版社、二〇〇八年）がある。いずれも、陸游とその息子たちによる出版活動がいつ、どこで行われたかについて、現存する版本を中心にまとめている。他に、陸游『剣南詩稿』の自身による出版について、刊刻の際の作品選定という視点から論じているものに、銭茂竹「陸游在厳州刪詩定稿原由探析」（『紹興文理学院学報』第二十二巻第六期、二〇〇二年）がある。

これら従来の研究においては、出版という行為は文学作品の最終的な結実として位置づけられている。本書は、出版文学作品の編集と出版を流通の一過程とし、その後の読者による受容・反応までを動的に捉えようとするものである。このうち、編集については、浅見洋二『中国の詩学認識』第四部「詩と歴史、詩と作者」（創文社、二〇〇八年）が、文学作品が詩文集に収められるまでの草稿から定本への編集過程とそれに伴うテキスト観の変容について論じている。また、出版と文学活動の関連については、内山精也『蘇軾詩研究』第四章「蘇軾の文学と印刷メディア——同時代文学と印刷メディアの邂逅——」（研文出版、二〇一〇年）が、蘇軾の詩を題材に、北宋後期における印刷媒体が蘇軾の文学活動へ与えた影響の大きさについて論じている。

本書はこれらの先行研究に示唆を受けつつ、さらに南宋という時代に即して考究しようとするものである。

六　本書の構成と目的

まず、本書の対象時期は、王十朋と陸游が活躍した、靖康の変（一一二七年）以降のおよそ百年を対象とする。そして、本書の考察対象となる文人に応じて、上篇を「「状元」王十朋と南宋出版業」とし、下篇を「陸游の四川体験と『剣南詩稿』の刊刻」として論を進める。各章節の問題の所在は以下の通りである（各章の関連地域については、一八頁の地図を参照されたい）。

上篇「「状元」王十朋と南宋出版業」は、状元王十朋の地方赴任時の唱和活動とその刊刻及び注釈が施され、編集された「会稽三賦」単行本、そして福建建陽の出版業が利用した状元としての名声について考究することで、官僚文人自身による出版の利用と中間層文人による編集・出版とを対置し、南宋期における文学作品流通の諸相について解明するものである。

第一章「王十朋編『楚東唱酬集』について――南宋官僚文人の地方赴任と出版――」では、書名のみが伝存する唱和集『楚東唱酬集』について復元を試み、その唱和活動の時期・参加者について特定した。そして、この唱和活動が官僚としての政治主張という公的な性格を強く有するものであり、その喧伝として刊刻という手段が用いられたこと、また版本という媒体に託することによって、その読者である張孝祥が新たな唱和者として参加し、作品の読者の反応までもが一連の文学活動として展開されたことを指摘した。

第二章「王十朋『会稽三賦』と史鋳注」では、南宋期に新興した中間文人層の編集活動の例として、王十朋の作品「会稽三賦」に注を附した史鋳という人物について考察した。その序文や注釈の検討を通して、彼が同時代の史料を活用し、かつ詩歌の作成能力を備えながらも、南宋王朝への強い帰属意識を持たない中間層文人であることを確認し、彼らが文学作品流通に大きく寄与していたことを指摘した。

第三章「「王状元」と福建――王十朋と『王状元集百家注東坡先生詩』の注釈者たち――」では、「王状元」、王十朋を編集者として標榜する蘇軾詩の注釈書『王状元集百家注東坡先生詩』に挙名される「百家」の注釈者のうち、王十朋との関係を有する注釈者について調査した。そして、第一に科挙の首席合格者「状元」そのものに対する評価、第二に主戦派の一員としての王十朋への評価、第三に知泉州として赴任した王十朋に対する名地方官という三層構造の評価が「王状元」という商標の背景にあったことを明らかにした。また、これらの評価は、朱子学を奉じる福建の士大夫が朱熹の王十朋評価を継承して形成されたものであることに基づき、出版活動と当該地方の士大夫の活動との関連性を指摘した。

下篇「陸游の四川体験と『剣南詩稿』の刊刻」は、陸游の詩風を大きく変えた四川寄寓時期について検討し

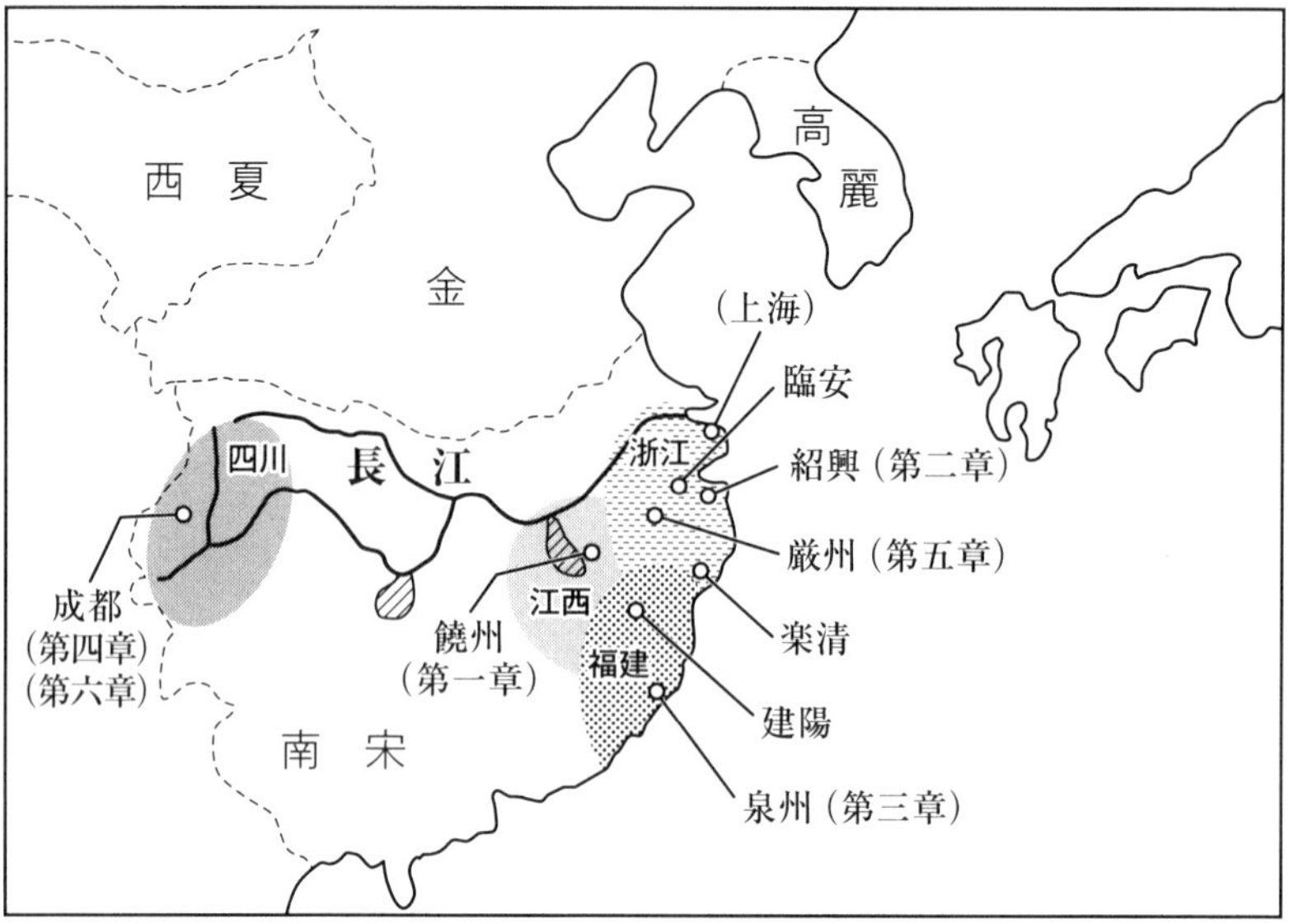

図１　本書関連地域概略図

つつ、陸游詩の全集のタイトルになぜ「剣南」という地名が踏襲されたのかについて、同時代の読者による陸游評価とそれが形成された背景を明らかにすることで、官僚文人の文学活動とその作品流通の相互影響関係について地域性に着目して解明しようとするものである。

第四章「陸游と四川人士の交流――范成大の成都赴任と関連して――」では、陸游と四川人士との文学交流を通して、陸游と四川の在地文人が、酒に溺れた放埒な態度の中で直截に表現される憂国の情、そして、蘇軾・黄庭堅を代表とする元祐党人への強い敬慕を共有したことを明らかにした。また、彼らの交流の実質的支援者であり、四川の統治者として、そして陸游と比肩する文人として成都に赴任してきた范成大の存在に着目し、陸游と范成大の四川における文学交流が、当時閉鎖的であった四川の在地文人に熱望されたものであったことを指摘した。

第五章「陸游の厳州赴任と『剣南詩稿』の刊刻」で

は、知厳州拝命時の政治的背景を確認し、知厳州任命が孝宗の陸游に対する厚遇であったことを示した。また それに関して、陸游の詩人としての名声が当時極めて高く、かつ読者である友人たちによって「四川を踏破した詩人」として評価されていたことが、厳州での『剣南詩稿』の刊刻に繋がっていくことを解明した。加えて、厳州での出版活動は、先任の蔵書家董棻の活動を継承しており、それが後に陸游の末子である陸子遹によって再び受け継がれたことを明らかにし、当時の版本普及の限定性を指摘した。

第六章「南宋の陸游評価における入蜀をめぐって——宋代杜甫詩評を手がかりとして——」では、同時代の読者による陸游への評価において、彼の四川体験が杜甫の足跡をなぞったものとして重視されたことを確認した。そして、宋代杜甫詩評を手がかりとしながら、四川への地方赴任という宦遊が、もはや左遷というマイナスの評価ではなく、詩人たるために必要な実地体験であるという変化が起こっていることを指摘し、『剣南詩稿』出版に影響を及ぼした陸游評価が形成された背景について明らかにした。

南宋文学研究は、従来、それまでの唐詩及び北宋文学の継承・発展、そして後代の元以降、明清期の文人が宋詩にどう影響を受けたか、という文学史上の潮流において位置づけられてきた。しかし、それら南宋文人の文学活動を、西暦十二〜十三世紀の中国南部という時代背景・地理条件と照らし合わせることによって、南宋文学活動の実態、そしてその活動を可能にした要因について検討しようとする試みは、ようやくその端緒を開いたばかりである。

本書は、以上のような視点に基づき、王十朋と陸游という二人の南宋文人の作品及び詩集の流通過程について、いかに編集・出版され、どのように読者層が反応したか（あるいはどのような反応が期待されたか）を検討しながら、南宋の文学を中心とした文化に出版印刷がもたらした変革について究明しようとするものである。

注

（1）グーグルのブック検索によって、書籍のインターネット上での公開が進められていることは、その最たる例であろう。ロバート・ダーントン著、高宮利行訳「グーグルと書物の未来」（『思想』通号一〇二二号、岩波書店、二〇〇九年）を参照。

（2）書籍に校勘を加える文人の姿は、陸游の詩に校勘用の墨を指す「朱黄」という言葉とともに表される。例えば「憩黄秀才書堂」（『剣南詩稿』巻五）に「堂上満架書、朱黄方點勘（堂上 架に満つ書、朱黄 方に点勘す）」とあり、また「初夏閑居即事」（『剣南詩稿』巻十七）に「對奕兩奩飛黒白、讎書千巻雜朱黄（奕に対して両奩 黒白を飛ばし、書を讎して千巻朱黄を雑《まじ》ふ）とある。

（3）「官僚文人」の定義については村上哲見「文人・士大夫・読書人」（『中国文人論』、汲古書院、一九九四年）を参照。ただし、南宋に入ると詞で著名な姜夔のように、官僚機構に組み込まれない文人も現れる。同氏『宋詞研究 南宋篇』（創文社、二〇〇六年）第一章「綜論」を参照。

（4）宋代士大夫が本籍を離れ、別の地に移住する現象については、竺沙雅章「北宋士大夫の徙居と買田――主に東坡尺牘を資料として――」（史学研究会『史林』第五十四集二号、一九七一年）及び「宋代官僚の寄居について」（東洋史研究会『東洋史研究』第四十一集一号、一九八二年）を参照。

（5）南宋期には、淮河以北に本籍を置いた文人たち（李清照や辛棄疾など）が移住を余儀なくされたことも、社会の流動性に拍車をかけた。呉松弟『北方移民与南宋社会変遷』（大陸地区博士論文叢刊四十七、台北文津出版社、一九九三年）を参照。

（6）宋代の地方出版については、以下を参照した。

①張秀民「南宋刻書地域考」「宋孝宗時代刻書述略」（『張秀民印刷史論文集』、印刷工業出版社、一九八八年）

②謝水順・李珽『福建古代刻書』（福建人民出版社、一九九七年）

③宿白『唐宋時期的雕版印刷』（文物出版社、一九九九年）

④張麗娟・程有慶『中国版本文化叢書　宋本』（江蘇古籍出版社、二〇〇二年）

⑤井上進『中国出版文化史――書物世界と知の風景――』（名古屋大学出版会、二〇〇二年）

⑥張秀民著、韓琦増訂『中国印刷史』（上下巻、浙江古籍出版社、二〇〇六年）
⑦顧志興『南宋臨安典籍文化』（南宋史研究叢書、杭州出版社、二〇〇八年）
⑧朱迎平『宋代刻書産業与文学』（中国伝統文学与経済生活研究叢書、上海古籍出版社、二〇〇八年）

（7）楊万里の別集『楊誠斎集』の内訳は以下の通り。『江湖集』（零陵県丞）、『荊渓集』（知吉州）、『西帰集』（帰郷）、『南海集』（広東提挙）、『朝天集』（杭州臨安）、『江西道院集』（帰郷）、『朝天続集』（杭州臨安）、『江東集』（江東転運副使）、『退休集』（致仕後）。

（8）士人については、高橋芳郎「宋代の士人身分について」（史学研究会『史林』第六十九巻第三号、一九八六年）及び川上恭司「科挙と宋代社会――その下第士人問題――」（大阪大学文学会『待兼山論叢』史学篇第二十一号、一九八七年）を参照。

（9）『文選類林』は、『四庫全書存目叢書』子部一六七（四庫全書存目叢書編纂委員会、斉魯書社、一九九五年）所収の明版影印本に拠った。北宋の劉攽撰とされるが、『四庫提要』は「疑亦南宋時業詞科者所依託也（疑ふらくは亦た南宋の詞科を時業とする者の依託する所なり）」とする。

（10）陸游「送王亀齢著作赴会稽大宗丞」（二首、『剣南詩稿』巻一）。この詩は紹興三十一年（一一六一）の作であり、『文選類林』跋にある「紹興二十八年」よりも後の作になる。

（11）杜甫の詩集は『王状元集百家注編年杜陵詩史』、蘇軾の詩集は『王状元集百家注東坡先生詩』である。

上篇　「状元」王十朋と南宋出版業

第一章　王十朋編『楚東唱酬集』について——南宋官僚文人の地方赴任と出版——

一　はじめに

王十朋編『楚東唱酬集』（以下、本章では『楚東集』と簡称）は、現存しないが、『宋史』藝文志の記録、洪邁による序文からその存在が確認される。また、内容については、王十朋の詩文から推察することが可能である。詳しくは後述するが、その唱和活動の外郭、唱和集としての成立については以下の通りとなる。

唱和活動時期…隆興二年（一一六四）七月〜乾道元年（一一六五）八月の約一年間
場所…饒州（鄱陽）
参加者…王十朋、陳之茂、洪邁、王秬、何麒、張孝祥
『楚東集』成立時期…乾道元年（一一六五）三〜五月頃

現存詩…王十朋三十八首、張孝祥十二首、洪邁、王秬各一首[1]（計五十二首）

王十朋（字は亀齢、一一一二〜七二）は温州楽清（浙江省楽清）の人で、紹興二十七年（一一五七）の状元として左承侍郎・僉書建康節度判官庁公事に任じられた後、紹興府僉判、秘書省校書郎、著作佐郎兼建王府小学教授などを歴任し、孝宗即位後、司封員外郎兼国史院編修、隆興元年（一一六三）には起居舎人兼侍講、侍御史に任じられた。その後、張浚の北伐を支持したが、その失敗（符離の敗戦）に連座して職を辞し、隆興二年（一一六四）に知饒州に転じた。それ以降は夔州、湖州、泉州の知事を務め、乾道七年（一一七一）に六十歳で死去した。

彼の政治活動に関しては、金との講和を国是とする秦檜専権体制の崩壊後、強硬な主戦論者である張浚の復権に際し、紹興二十七年の状元登第を契機にその政権集団の一翼を担ったことで知られている。[2]そして、彼の文学活動については鄭定国氏に近著[3]があり、また『王十朋全集』が刊行された今日[4]、王十朋を南宋官僚文人の典型例として考察する基礎環境がようやく整いつつある。

本章では、まず『楚東集』の唱和活動に至るまでの政治状況について、王十朋・張孝祥という両状元を輩出した紹興二十四年（一一五四）、二十七年の科挙を題材に概観する。そこから対金主戦派・主和派の政権交替と、この唱和集団との関係について考察を加え、政治史上・文学史上における王十朋編『楚東集』の位置付けを試みる。併せて、南宋の官僚文人の地方赴任と出版の利用の関係について論じたい。

二　紹興二十四年、二十七年の科挙が象徴するもの

まず、楚東唱和活動以前の政治状況について、参加者である王十朋と張孝祥（一一三二～六九）の状元登第の状況から考えてみたい。科挙こそは宋代の統治機構・官僚制度を支える大きな柱であり、宋代文学の主な担い手である士大夫を生み出すシステムである。従って彼らの科挙登第時の状況は、当時の政治状況の変化を端的に象徴している。

隆興年間以前の紹興年間（一一三一～六三）、特に紹興和議（紹興十一年、一一四一）成立以降とは、取りも直さず秦檜（一〇九〇～一一五五）専権体制の時代であった。すなわち、弾劾による政敵の罷免、宦官などの皇帝周辺勢力との結託、江南地域からの私的収奪により、絶対的強権を手中に収めた秦檜の下、金との共存関係の維持・継続を企図する主和政策が断行された時期である。しかしながら強権の集中とは、支配体制の孤立性と脆弱性を強めることに他ならず、紹興二十五年の秦檜の死去は、そのまま専権体制の崩壊へと直結した。[5]

王十朋と張孝祥が科挙を首席で合格した時期については、張孝祥は紹興二十四年、王十朋は紹興二十七年と、間に秦檜の死を挟む形になっている。結論から言えば、両者の状元登第をめぐる状況は、秦檜専制末期における超越的強権の横行、そして専制崩壊後に起こった反動とをそれぞれ象徴している。

まず、張孝祥が状元となった紹興二十四年の科挙は秦檜専制の末期に当たり、血族を中心とした秦檜派の徒弟が多数登第し、その権勢が科挙にまで及んでいることが露呈した。[6] とりわけ、秦檜の孫・秦塤の受験が焦点となる。[7]

紹興二十四年、廷試第一。時策問師友淵源、秦塤與曹冠皆力攻程氏專門之學、孝祥獨不攻。考官已定塤冠多士、孝祥次之、曹冠又次之。高宗讀塤策皆秦檜語、於是擢孝祥第一、而塤第三、授承事郎、簽書鎮東軍節度判官。諭宰相曰「張孝祥詞翰倶美。」先是、上之抑塤而擢孝祥也、秦檜已怒、既知孝祥乃祁之子。祁與胡寅厚、檜素憾寅、且唱第後、曹泳揖孝祥于殿庭、以請婚爲言、孝祥不答、泳憾之。於是風言者誣祁有反謀、繫詔獄。會檜死、上郊祀之二日、魏良臣密奏散獄釋罪、遂以孝祥爲祕書省正字。

紹興二十四年、廷試第一たり。時策に師友の淵源を問ふに、秦塤と曹冠とは皆程氏専門の学を力攻し、孝祥 独り攻めず。考官 已に塤の多士に冠たりて、孝祥 之に次ぎ、曹冠 又之に次ぐを定む。高宗 塤の策を読むに皆秦檜の語たり、是に於て孝祥を第一に擢《ぬきん》ず、而して塤は第三にして、承事郎・簽書鎮東軍節度判官を授く。宰相に諭して曰く「張孝祥 詞翰倶に美なり」と。是より先、上の塤を抑へ孝祥を擢するや、秦檜已に怒り、既に孝祥乃ち祁の子たるを知る。祁 胡寅と厚し、檜 素《もと》より寅を憾《うら》む、且《か》つ唱第の後、曹泳 孝祥を殿庭に揖し、請婚を以て言を為す、孝祥答へず、泳 之を憾む。是に於て風言する者祁に反謀有りと誣し、詔獄に繫げらる。會《たま》たま檜 死し、上郊祀の二日、魏良臣 密かに散獄の釈罪を奏し、遂に孝祥を以て秘書省正字と為す。

（『宋史』巻三百八十九、張孝祥伝）

殿試の考官が一位に推した秦塤を退け、張孝祥を状元としたのは、外ならぬ高宗自身であった。

庚寅、故事、殿試上十名、例先納巻子御前、定高下。及是御藥院以例奏、上不許、曰「取士當務至公、既有初覆考・詳定官、豈宜以朕一人之意、更自升降。自今勿先進巻子。」

庚寅、故事、殿試 十名を上《のぼ》す、例として巻子を御前に先納し、高下を定む。是に及び御薬院 以て例奏す、上許さず、曰く「取士 当に至公たるに務むべし、既に初覆考・詳定官有るに、豈《あ》に宜しく朕一人の意を以て、更に自ら升降すべけんや。今自《よ》り巻子を先進する勿《なか》れ」と。

（『建炎以来繋年要録』巻十七、建炎二年九月の条）

この記事では、高宗は考官が定めた順位を独断で変更することを嫌っている。この発言が、未だ「行在」の地すら定まっていない時期（建炎二年は一一二八年）のものであることを念頭に置けば、宋朝の官僚機構を支える科挙制度の公平性を堅守すべく断行された、紹興二十四年の介入の持つ重要性は極めて高いと言えよう。対照的に秦檜の露骨な独裁権の行使は、養子である秦熺の科挙登第時とは異なり(8)、腐敗的ですらある。

そして秦檜の死後、その専制への反動が表出したのが紹興二十七年（一一五七）の科挙である。

太上皇帝躬攬權綱、更新政事。紹興二十七年策進士於廷、詔「對策中有指陳時事、鯁亮切直者、竝置上列、無失忠讜、無尚諂諛、稱朕取士之意。」

太上皇帝躬《みづか》ら権綱を攬《と》り、政事を更新す。紹興二十七年進士を廷に策す、詔するに「対策の中に時事を指し陳べること、鯁亮にして切直なる者有らば、並べて上列に置くべし、忠讜を失ふ無く、諂諛を尚《たつと》ぶ無ければ、朕の取士の意に称《かな》ふ」と。

（汪応辰「宋龍図閣学士王公墓誌銘」）

このように、高宗は「鯁亮にして切直なる者」、直言硬骨の士を採用するよう命じ、政事の刷新を目指している。

詳定官定十朋爲第九。編排官孫道夫奏其辭鯁切。上覽之、前三日謂大臣曰、「今次擧人程文、議論純正、仍多切直、似此人才、極有可用。」

詳定官 十朋を定めて第九と為す。編排官孫道夫 其の辞鯁切なるを奏す。上 之を覧るに、前三日 大臣に謂て曰く、「今次の挙人の程文、議論純正にして、仍《な》ほ切直多し、此《か》くの似《ごと》き人才、極めて用ふべき有り」と。

(『建炎以来繫年要録』巻百七十六、紹興二十七年丙戌の条)

詳定官が九位とした王十朋は、高宗が示した「鯁亮にして切直なる」答案を書いた者として状元の栄誉を勝ち得た。そして、その栄誉には、秦檜専制が崩壊したことを告げる象徴的な意味があった。『宋史』巻三百八十一、趙逵伝には、高宗が趙逵を百官の中で唯一秦檜に阿《おもね》らなかったと賞賛したことに続けて、彼がこの科挙の試験官として「公を尽くして考閲し、以て旧弊を革《あらた》む(盡公考閲、以革舊弊)」ことに努めたと記している。紹興二十七年の科挙は、秦檜専制への反動と革新という情勢を色濃く反映したものであったのである。

三　「楚東詩社」と張浚

このように、紹興二十四年、二十七年の科挙は、まったく異なる政治背景の下に実施された。すなわち、張孝祥は秦檜専制の腐敗的権勢下での例外として、一方、王十朋は秦檜専制への反動に因る革新という情勢の象徴として、それぞれ異彩を放つ状元であった。両者共に、反秦檜派の領袖として権枢に復帰した張浚（一〇九七～一一六四）に抜擢され、政権の一翼を担うこととなる。興味深いのは、紹興四年（一一三四）、張浚と趙鼎が権柄を執った際に推薦・抜擢した集団が「小元祐」と称されたことである。

与趙鼎共政、多所引擢、従臣朝列、皆一時之望、人號「小元祐」。
趙鼎と共政し、引擢する所多し、従臣朝列、皆一時の望たり、人「小元祐」と号す。

（『宋史』巻三百六十一、張浚伝）

趙鼎との共政期に「引擢」された人物に「江西宗派図」の作者呂本中（一〇八四～一一四五）がおり[9]、蘇軾・黄庭堅から江西詩派という文学史上の流れと、元祐党の流れを汲む者と目された趙鼎・張浚ら対金積極派という政治史上の流れが重なることに注目したい。無論、趙鼎と張浚の政治姿勢には相違する点もあり、両者を画一的に把握することに危険性は伴うが、隆興初年（一一六三）の張浚復帰を南宋初期政治史上の事件として捉えるだけでなく、文学史上の事件として設定することは、十分に可能であると思われる。

張浚復帰と『楚東集』唱和集団との関係を検討すると、以下の通りである。まず、張浚が「人才可用者」として推挙したなかに、王十朋、張孝祥、王秬と楚東唱和集団の三人がおり[10]、また何麒も、張浚に推挙された人材であると王十朋詩に言及がある[11]。陳之茂も隆興元年に吏部侍郎の要職に任じられており、張浚政権下での抜擢と考えてよいであろう。洪邁は張浚政権と積極的な関係をもたないが、三代にわたって進士を輩出した地元の名家出身である。楚東唱和の舞台となる饒州と深い地縁を有し、『夷堅志』などの著作を物した文人が楚東唱和に参加するのは不自然なことではないし、政治的集団における例外を含むことは、言論の自由が回復したことの証左となりうるであろう[12]。いずれにせよ、「楚東詩社」と主戦派である張浚との関係が強固なものであることは間違いない。『楚東集』の唱和詩にも、張浚を賛美する詩句を確認できる。

君不見開元名相張九齢
歲寒松柏森蒼鱗
胡塵澒洞言始驗
世間回首思忠臣
堂堂魏公忠貫日
志欲平戎奬王室
歸來無地展經綸
餘事文章揮健筆
玉節朱轓兩君子

君見ずや開元の名相　張九齢
歳寒の松柏　蒼鱗森たり
胡塵　澒洞として言　始めて験《あらは》れ
世間　首《こうべ》を回《めぐら》して忠臣を思ふ
堂堂たる魏公　忠は日を貫き
志は戎を平げ王室を奨《たす》けんと欲す
帰来　地の経綸を展《の》ぶる無く
余事の文章　健筆を揮《ふる》ふ
玉節　朱轓　両君子

不以交情變生死　交情の生死に変ずるを以てせず
共將新句紀遺編　共に新句を将《もっ》て遺編に紀《しる》し
留與山林續詩史　山林に留与して詩史を続《つ》がん

（王秬「題不欺室、張魏公為王亀齢書也、何子応賦詩」）

王秬の詩には、張浚が唐の名宰相である張九齢にも並ぶ忠臣として描写されており、その志はあくまで「戎を平げんと」する失地恢復に重点が置かれる。張浚賛美に続いて末の二句で王十朋、何麒の応酬が詠われており、張浚を慕う集団として楚東唱和を規定している。楚東唱和が示すように、隆興元年の張浚復権は政治史のみならず、実は文学史においても一つの転換点であった。

四　楚東唱和活動とその内容

それでは、この楚東唱和活動がいかなる文学活動であったか、まず外郭を確認し、その活動内容について見ていきたい。

『楚東集』の表題に冠する「楚東」とは、現在の江西省鄱陽の地名であるが[13]、王十朋が知饒州（江西省鄱陽）の任にあったのは、着任（隆興二年〔一一六四〕七月）から知夔州への転任（乾道元年〔一一六五〕八月）までの約一年間である。唱和活動の場所、期間は以上に準ずる。

唱和活動の参加者についても、王十朋「次韻安国読楚東酬唱集」（詩集巻十八）の頸聯から、王十朋、陳之茂、洪邁、王秬、何麒の五名であることが確認される。

三郡美名倶赫赫　　三郡の美名 倶に赫赫たり
〔自注〕陳洪州（之茂）、洪吉州（邁）、王興化（秬）。
一臺遺墨尚鮮鮮　　一台の遺墨 尚ほ《な》鮮鮮たり
〔自注〕何憲（麒）。

自注にあるように、「三郡の美名」が陳之茂、洪邁、王秬を指し、「一台の遺墨」が何麒を指す。[14] 彼らの乾道元年時点での事跡を略述すると、陳之茂（字は阜卿）は無錫（江蘇省）の人で、紹興二年（一一三二）に進士出身を賜り、同三十年に秘書省著作郎、監察御史、翌年に知呉興、知平江を歴任した後、隆興元年に吏部侍郎に抜擢された。隆興二年には、知隆興府（洪州）を拝している。

洪邁（字は景盧）は祖父彦章、父皓、兄适、遵と進士を続けて輩出した鄱陽の名門の家柄であり、自身も紹興十五年（一一四五）に登第している。教授福州、参議軍事、左司員外郎などを歴任、紹興三十二年（一一六二）には金へ使者として赴き、起居舎人にまで昇った。隆興元年に知泉州となり、乾道二年（一一六六）に知吉州（江西省吉安）に転じるため、楚東唱和の時期には帰郷していたものと思われる。『夷堅志』、『容斎随筆』などの著作で知られる。

王秬（字は嘉叟）は徽宗朝に中書舎人、御史中丞などを歴任した王安中の孫で、中山曲陽（河北省）から泉南

（福建省泉州）に徙居した。紹興年間に宣教郎兼幹弁行在諸軍審計司、淮南転運判官、知撫州、知江州を歴任し、隆興二年秋には知太平州（安徽省当塗）であった。

何麒（字は子応）は青城（四川省）の人で、紹興十一年（一一四一）に進士出身を賜り、夔州路提点刑獄となる。同十三年（一一四三）には知邵州となった。その後致仕して主管台州崇道観となり、道州に居住。その後の事跡は史料がないため不明だが、楚東唱和に参加しており、隆興二年頃には饒州にいたようである。

以上、楚東唱和の場所・時期・参加者について、本章冒頭に提示した情報を確認した。では、主戦派の領袖である張浚と深い関係を有する集団による唱和活動の内実とは、いかなるものであったのだろうか。

結論から言えば、楚東唱和活動は、失地恢復を願う愛国の情、及び地方官としての自身に向けられた自省の表現を確認することができ、官僚としての意識が強く反映された活動であると言える。

まず、失地恢復を願う愛国の情の表現は、王十朋の何麒との唱和詩に多く見られる。

（王十朋「次韻何子応得宣城筆」）

金華手握管城子　金華（何麒）　手握す　管城子（筆）
端類睢陽太守鬚　端《まさ》に類すべし　睢陽太守の鬚
鬚筆有神人不識　鬚筆　神有りて人識らず
怒時眞可氣呑胡　怒れる時　真に気は胡を呑むべし

淮甸流離唐赤子　淮甸　流離す唐の赤子

將軍奇特魏黃鬚　将軍　奇特たり魏の黄鬚
願將銀管書忠義⑮　願はくば銀管（筆）を将《もっ》て忠義を書さん
糞土東京趙與胡　東京に糞土たり　趙と胡と

（王十朋「聞捷報用何韻」）

後者は詩作の動機が戦勝の知らせ（「捷報」）であるため、失地に思いを馳せ、憂国の情を表現するのは至極自然な描写であると言える。しかし前者は、「宣城の筆を得る」という私事に属する題材の詩である。「怒れる時真に気は胡を吞むべし」と締め括ったのは、何麒の原唱に類する表現があったことを窺わせるが、楚東唱和詩が私的な内容においても、愛国詩の要素を帯びる好例である。他、後述する張孝祥との唱和にも、

可憐未戰身先死　憐むべし　未だ戦はずして身　先に死し
貫日精忠化白虹⑯　日を貫く精忠　白虹と化すを

（王十朋「次韻安国題余干趙公子養正堂、堂趙魏公所名也、並為作銘」尾聯、詩集巻十八）

とあり、愛国の情が直截に発露されている。

また、楚東唱和には、地方官としての自身の無力さを嘆く表現がしばしば見受けられる。具体的には、天候、ひいてはその農作物への影響を気に懸けるという題材がある。王十朋詩では次の五例が確認できる。

「次韻何憲子応喜雨」
「人日雨、次何憲韻」（以上詩集巻十七）
「張安国舎人以南陵鄱陽雨暘不同、示詩次韻」
「又次韻閔雨」
「五月二十日閔雨」（以上詩集巻十八）

これらの詩の中で詠われるのは、「哀哉農民亦良苦、厭見常暘與常雨（哀れなるかな農民も亦た良《はなは》だ苦しむ、見るに厭《あ》く常暘と常雨と）」（「張安国舎人以南陵鄱陽雨暘不同、示詩次韻」頷聯）のような地方官としてのまなざしがとらえた農民の辛苦であり、また自らの無力感である。また、唱和詩ではないが次のような述懐もある。

誰坐黄堂稱太守　　誰か黄堂に坐して太守を称せん
深慚無術救天災　　深く慚づ天災より救ふ術《すべ》無きを
（王十朋「二月十五日祈晴、十七日雷雨、再作」、詩集巻十八）

他にも、正月十五日上元の夜に何麒に次韻した詩では、

心憂機婦寒窗士　　心は憂ふ機婦　寒窗の士
詩句分明似諫書　　詩句は分明にして諫書に似たり

（王十朋「元夕次何憲韻」）

と、何麒の社会的弱者に注がれる温かい視線、諫言のごとき詩文の言葉を詠う。まさしく政治に携わる者としての強い自覚を背景にした唱和であることが窺える。

以上のように、『楚東集』に収められた唱和活動は、愛国の意識、地方官としての人民への憐情、無力感からの自省を詠っており、公と私の交叉点で展開される応酬の中でも、公の性格を強く有した、典型的な官僚文人としての唱和活動であったと言えるであろう。

五　『楚東集』の刊行と王・張唱和

かくて、鄱陽湖のほとりを中心に展開された楚東唱和活動は、その唱和集の編集・刊行に着手する。具体的な構想ではないが、外部への流伝を企図していたことが、王十朋の「陳阜卿書云『聞詩筒甚盛、可使流傳江西否』、戲用竹萌韻以寄（陳阜卿〔之茂〕の書に云ふ『詩筒の甚だ盛んなるを聞く、江西に流伝せしむべきや否や』と。戯れに竹萌の韻を用ゐて以て寄す）」という詩題から見て取れる。

刊行が議論された乾道元年（一一六五）二月から三月頃[17]、唱和集団の一員である何麒が死去する。「哭何子応」詩（詩集巻十八）の尾聯に、

新編刊未就　新編　刊未だ就《な》らざるに
楚些已招魂　楚些　已に魂を招く
〔自注〕方議刊楚東詶唱集、途中亡。[18]
方に『楚東詶唱集』を刊するを議するに、途中亡す。

とあり、この頃には『楚東集』の刊行が具体的に計画されていたことがわかる。後に挙げる張孝祥との唱和詩は、同年五月に『楚東集』を張孝祥が披見したことにちなむものであり、とすれば五月には『楚東集』が刊行されていたことになる。[19]

刊行された『楚東集』を閲読し、王十朋との唱和を展開する楚東唱和の六人目の文人こそ張孝祥である。『楚東集』復元に際して、彼の存在を無視することはできない。まず史料上の問題として、前述の五名のうち、王十朋以外の四名の『楚東集』に関連する作品はほとんど残っておらず、張孝祥の唱和詩が有する史料的価値が極めて高いためである。また当事者の意識としても、王十朋自身が、張孝祥を楚東唱和の六人目のメンバーとして認識していたと考えられるからである。

張孝祥（字は安国）は歴陽烏江（安徽省）の人で、紹興二十四年（一一五四）に状元で登第を果たし、秘書省正字、校書郎となった。紹興二十七年（一一五七）に起居舎人、権中書舎人にまで昇るも、弾劾されて知撫州（臨川）に遷る。隆興年間には中書舎人、尋いで直学士院兼都督府参賛軍事、建康留守となるも、張浚の北伐失敗により知静江府（桂林）、広南西路経略安撫使へと遷される。王十朋との唱和はこの赴任途上でなされた。

六逸中無李謫仙　　六逸の中　李謫仙無く
〔自注〕前集恨不得公詩爲六。
　前集 公の詩を得て六と為らざるを恨む。
詩筒忽得舊臨川　　詩筒　忽ち旧《もと》の臨川より得たり
〔自注〕舍人前治臨川、乃鄰郡也。
　舍人 前に臨川を治む、乃ち鄰郡なり。
枝芳又類燕山桂　　枝芳しく又類す　燕山の桂
〔自注〕何卿往矣、今集又得五人。
　何卿往けり、今集 又五人を得。
馬立欣瞻刺史天　　馬立ちて欣瞻す　刺史の天
〔自注〕五人二帥三守。
　五人 二帥三守たり。
公似虞臣宜作牧　　公 虞臣の宜しく牧と作《な》るべきに似
我慚鼠技濫烹鮮　　我 鼠技の烹鮮を濫《みだ》せるを慚づ
新詩不減顔公詠　　新詩は顔公の詠に減《ゆづ》らず
貴若山王定不編　　貴きこと山王の若きは定めて編まず

（王十朋「安国読酬唱集、有『平生我亦詩成癖、却悔来遅不与編』之句。今欲編後集、得佳作数篇、為楚東詩社之光。復用前韻」、詩集巻十八）

『楚東集』を読んだ張孝祥は、唱和に参加できなかったことを残念がり、それを受けた王十朋は、張孝祥を加えて『楚東集』の後集を作ろうとしている。第三句「枝芳しく又類す　燕山の桂」は五代・竇禹鈞の五子が「燕山竇氏の五龍」と称された故事[20]を踏まえており、自注に「何卿往けり、今集 又五人を得」とあるように、何麒が逝去したものの、張孝祥が唱和に参加することで再び五名の唱和になったことを示している。また、詩題にある「楚東詩社」は、王十朋自らがこの唱和活動集団を「詩社」という文学集団として捉えていることを表している。

張孝祥との唱和にも、二人の官僚としての意識が強く反映されている。今試みに、応酬された詩の一聯を抜き出すと、

聖神天子如堯湯　　聖神たる天子は尭・湯の如く
曰雨而雨暘而暘　　雨と曰へば雨ふり暘といへば暘す
（張孝祥「月之四日至南陵、大雨、江辺之圩已有没者。入鄱陽境中、山田乃以無雨為病。偶成一章、呈王亀齢」）

吾君罪己同禹湯　　吾が君　己を罪すること禹・湯に同じ
思起傅巖調雨暘　　思ひ起こす　傅厳の雨暘を調へるを
（王十朋「張安国舎人以南陵・鄱陽雨暘不同、示詩次韻」）

紫微好善嗤弘湯　　紫微　善を好みて弘・湯を嗤《わら》ふ

眉間和氣如時暘　　眉間の和気は時の暘たるが如し

(王十朋「又次韻閔雨」)

使君行矣伊佐湯　　使君の行や伊の湯を佐《たす》くがごとく
緝熙和氣無常暘　　緝熙たる和気は常暘無し

(張孝祥「鄱陽史君王亀齢閔雨、再賦一首」)

これらの唱和詩において、二人は時の皇帝・孝宗を尭や禹、殷の湯王に譬え、また明君を補佐した傅巌・伊尹を想起する。天子に仕える者という官僚としての意識が強く反映された唱和であると言えよう。張孝祥もまた、主戦派の領袖である張浚集団の一員であることは既に述べた通りである。政治的主張を同じくする張孝祥の楚東唱和への参加は、何麒を亡くした後の唱和活動をさらに促進せしめ、新たな彩りを添えた。

金華老子定臞仙　　金華の老子　定めて臞仙たるべし
翰墨文章徧兩川　　翰墨　文章　両川に徧《あまね》し
遺迹已驚風落木　　遺迹　已に驚く　風の落木するを
高名依舊日行天　　高名　旧に依りて日の行天するがごとし
人間易得朱顏老　　人間得易し　朱顔老ゆるを
寺壁空懸玉唾鮮　　寺壁空しく懸く　玉唾の鮮かなるを

欲繼三賢歌薤露　三賢を継いで薤露を歌はんと欲す
嚴詩杜集儻同編　厳詩 杜集のごとく 儻《も》しくは編を同じくせん
（張孝祥「薦福観何卿壁間詩、対之悵然、次前韻」）

薦福観に何麒（何卿）の遺した詩を見つけた張孝祥が、哀悼の意を詠んだ詩である。尾聯では王十朋、陳之茂、王秬の三人に続いて何麒の挽歌を歌うことを望み、四川出身の何麒を杜甫に、知事の地位にある王十朋を厳武になぞらえる。ここには、王十朋との唱和が、楚東唱和を引き継いでいるという意識が表明されている。

金華遽作鬼中仙　金華　遽《には》かに作《な》る鬼中の仙
歎息眞同子在川　歎息す　真に子の川に在るを同じくするを
何遜詩猶在東閣　何遜の詩　猶ほ東閣に在り
杜陵家不上青天　杜陵の家　青天を上《のぼ》らず
忠隨奏疏留丹闕　忠は奏疏に随ひて丹闕に留まり
字落禪房照碧鮮　字は禅房に落ちて碧鮮を照らす
客過楚東吟楚些　客　楚東を過《よ》ぎりて楚些を吟ず
唱酬新集定須編　唱酬の新集　定めて須《すべか》らく編むべし
（王十朋「次韻安国読薦福壁間何卿二詩、悵然有感」）

王十朋の和詩では、何麒を同姓の何遜、そして杜甫になぞらえる。第五句の、何麒の「忠」が上奏文にこもっているとする表現は、ここまで強調してきた楚東唱和が持つ公的性格の強さを表しているであろう。尾聯、張孝祥が楚東唱和に加わったからには、新たな『楚東集』を編集せねばならぬ、という口ぶりから、この二十歳年少の文人との唱和が、詩人としての王十朋をいたく刺激したであろうことが読み取れよう。張孝祥の参加は、楚東唱和の中で唯一、それぞれ対応する応酬が現存するという史料上の価値や、同じ政治集団としての唱和という意義を持つだけでなく、王・張の両状元が、何麒の死を乗り越えて互いに刺激しあい、佳句を生んだという点からも、特筆すべきものであった。

六　官僚文人の唱和としての楚東唱和活動

「楚東詩社」は、欧陽光氏が指摘するように、[21]それぞれが地方官として公務を奉じる身にあり、「詩筒」を用いて唱和詩の往来をしていた。同時同座ではない、ほぼ対等と言える地方官同士の唱和であること、これらは唐宋代に隆盛した唱和活動[22]の中での、楚東唱和の特徴として挙げることができよう。

同僚間の唱和をなす「楚東詩社」のもう一つの特徴として、次韻を挙げたい。相手の韻字を同じ順序で用いる次韻の用法は、元白・劉白唱和を中心とする中唐の元和文学集団によって盛んに行われ、宋代に入ってからは仁宗朝末期（嘉祐年間〔一〇五六～六三〕以降）に梅尭臣を筆頭として、欧陽脩・王安石、そして蘇軾・黄庭堅の唱和へと使用された。[23]「楚東詩社」の唱和詩も、前節末に挙げた詩が「仙・川・天・鮮・編」で共に押韻しているように、次韻詩である。次韻は、唱和を宴席のような同時同座という制約から解き放ったため、唱和活動を、「詩社」のような同程度の力量を持ち、互いに強い結びつきを有する文人同士で行うのに適したものにした。洪邁「楚東詶倡序」（王正徳『餘師録』巻四）によると、次韻を用いた先達として、やはり蘇軾・黄庭堅を念頭に置いていたようである。

……自夢得・樂天・微之諸人、茲體稍出。極於東坡・山谷、以一吟一詠、轉相簡答、未嘗不次韻。
……夢得・楽天・微之の諸人自《よ》り、茲《こ》の体（次韻）稍《やや》出づ。東坡・山谷に極れり、一吟一咏を以て、転相《たがひ》に簡答するに、未だ嘗て次韻せざるはあらず。

次韻という様式からも、楚東詩社が元祐党を意識した集団であると見なすことができよう。「楚東詩社」にとっての唱和活動とは、対金抗戦・失地恢復という主張を同じくした政治集団としての文人の活動である。その主張の喧伝という目的が、『楚東集』刊行の大きな原動力の一つであったと考えたい。

以上を要するに、「楚東詩社」の、地方官の職にある官僚文人間の文学活動は、同時同座の制約を受けない次韻による唱和（及び詩筒による往来）によって初めて実現可能であった。また、その活動内容は、極めて公的な政治主張を有するものであり、「江西に流伝せしむべきや否や」と言うように、政治集団としての「詩社」として、その内容を喧伝しようとする意図の下に、『楚東集』は刊行されたのであった。官僚である南宋文人は、このように政治的・文化的中心である行在所（杭州臨安）を離れた地方にあっても、出版刊行によって自らの文学活動を展開することが可能だったのである。

注

（1）張孝祥詩は『于湖居士文集』（上海古籍出版社、一九八〇年）を、洪邁詩は『野処類稿』（『両宋名賢小集』、文淵閣四庫全書本）を参照した。王秬詩は『詩淵』（書目文献出版社、一九八四年）に所収。なお、これらの詩の『楚東集』収録状況は未詳であるが、ひとまず楚東唱和関連作品として論を進める。

（2）寺地遵『南宋初期政治史研究』（渓水社、一九八八年）終章「紹興十二年体制の終末と乾道・淳煕体制の形成」を参照。

（3）鄭定国『王十朋及其詩』（台湾学生書局、一九九四年）。

（4）『王十朋全集』（梅渓集重刊委員会編、上海古籍出版社、一九九八年）。

（5）注（2）前掲寺地遵著参照。

（6）『建炎以来繫年要録』巻百六十六に引く呂中『大事記』に、「進士榜中、悉以親黨居之。天下爲之切齒、而士子無復天子之臣矣（進士の榜中、悉く親党を以て之に居る。天下之が為に切歯す、士子 復た天子の臣無し）」とある。

（7）省試において秦塤の上位にあった陸游が落第させられたのは、文学史上有名な逸話である。ちなみに陸游を第一とした考官が「楚東詩社」の一人、陳之茂である。陸游の詩題に「陳阜卿先生、為両浙転運司考試官。時秦丞相孫、以右文殿修撰来就試、直欲首選。阜卿得予文巻、擢置第一、秦氏大怒、予明年既顕黜、先生亦幾蹈危機。偶秦公薨遂已。予晩歳料理故書、得先生手帖、追感平昔、作長句以識其事、不知衰涕之集也（陳阜卿先生、両浙転運司の考試官為り。時に秦丞相が孫、右文殿修撰を以て来たりて試に就く、直ちに首選ならんと欲す。阜卿 予が文巻を得、擢して第一に置く、秦氏大怒し、予明年既に顕黜せられ、先生も亦た幾ど危機を蹈む。偶たま秦公薨じて遂に已む。予 晩歳故書を料理し、先生の手帖を得、平昔を追感し、長句を作りて以て其の事を識す、衰涕の集ふを知らざるなり）」（『剣南詩稿』巻四十）とある。

（8）『建炎以来繫年要録』巻百四十五、紹興十二年の条に「庚午、上御射殿、引正奏名進士唱名。……有司定（秦）熺第一、（陳）誠之次之、（楊）邦弼又次之。（秦）檜引故事引辭、乃降爲第二人、特遷左朝奉郎、通判臨安府、賜五品服（庚午、上 射殿に御し、正奏名進士を引きて唱名す。……有司〔秦〕熺を第一に、〔陳〕誠之之に次ぎ、〔楊〕邦弼又之に次ぐを定む。〔秦〕檜 故事を引きて引辞す、乃ち降して第二人と為し、特に左朝奉郎、通判臨安府に遷し、五品の服を賜ふ）」とあり、ここでは、秦檜は子の状元登第を辞退している。

（9）『建炎以来繫年要録』巻七十四、紹興四年の条に「戊午、端明殿學士・江南西路制置大使趙鼎、參知政事、時鼎已召未至也。上命鼎薦擧人才、鼎卽以王居正・呂祉、……呂本中上之（戊午、端明殿学士・江南西路制置大使趙鼎、参知政事たり、時に鼎已に召されて未だ至らざるなり。上 鼎に命じて人才を薦挙せしむ、鼎 即ち王居正・呂祉、……呂本中を以て之を上る)」とある。

(10)『建炎以来朝野雑記』巻八「張魏公薦士」に「隆興初、張忠獻公再入爲右相、上注意甚厚、使公條奏人才可用者。公奏虞雍公允文、陳魏公俊卿、汪端明應辰、王詹事十朋、張尚書闡、可備執政。……張舍人孝祥、可付事任。……林侍郎栗、王侍郎秬、莫少卿沖、可任臺諫(隆興初、張忠献公 再び入りて右相と為る、上 意を注ぐこと甚だ厚く、公をして人才の用ゐるべき者を条奏せしむ。公奏すらく 虞雍公允文、陳魏公俊卿、汪端明応辰、王詹事十朋、張尚書闡、執政に備ふべし。……張舍人孝祥、事任に付すべし。……林侍郎栗、王侍郎秬、莫少卿沖、台諫に任ずべしと)」とある。

(11) 王十朋「哭何子応」詩(詩集巻十八)に「忠膺黄屋眷、音遇紫巖知(忠は膺《おう》ず黄屋の眷《めぐみ》、音は遇ふ紫巌の知)」とあり、自注に「公、張魏公の薦むるを以て召さるるなり」とある。「紫巖」は張浚の号。

(12) 秦檜専制下の言論弾圧については、沈松勤『南宋文人与党争』(北京人民出版社、二〇〇五年)に詳しい。

(13) 王象之『輿地紀勝』巻二十三、饒州の条に「楚東、地名也。范文正公守饒日、建楚東樓(楚東、地名なり。范文正公 饒を守れるの日、楚東楼を建つ)」とある。

(14) 洪州(江西省)、吉州(江西省)、興化(福建省)は、三者がそれぞれ地方官として赴任した経歴を有する地名である。何憲の憲とは憲台のことであり、先輩である官僚への尊称を指す。

(15)「忠義」、『四部叢刊』本は「忠誼」に作る。

(16)「貫日精忠化白虹」については、『戦国策』魏策四に「夫專諸之刺王僚也、彗星襲月。聶政之刺韓傀也、白虹貫日(夫れ専諸の王僚を刺せるや、彗星 月を襲ふ。聶政の韓傀を刺せるや、白虹 日を貫く)」とある。また『史記』鄒陽伝に「昔者荊軻慕燕丹之義、白虹貫日、太子畏之(昔者《むかし》荊軻 燕丹の義を慕ひ、白虹 日を貫き、太子之を畏る)」とあり、集解に「應劭曰、……精誠感天、白虹爲之貫日也(応劭曰く、……精誠 天を感ぜしめ、白虹之が為に日を貫くなり)」と解説がある。ここでは隆興二年に病死した張浚の忠義を詠っている。

(17)「哭何子応」詩の三首前に「二月十五日祈晴、十七日雷雨、再作」詩があり、四首後に「送春」詩がある。

(18)『王十朋全集』は「詶」字を「訓」に誤る。『四部叢刊』本・『四庫全書』本に拠り改める。

(19) 王十朋の詩句に「新編刊未就(新編 刊未だ就らず)」(「哭何子応」、詩集巻十八)、「急忙刊得倡酬詩(急忙として刊し得たり倡酬の詩)」(「読楚東倡酬集、寄洪景盧・王嘉叟」、詩集巻二十)、「待將後集從前刻(後集を将て前刻に従ふを待つ)」(「再読楚東集、用前韻寄洪景盧・王嘉叟」、詩集巻二十)などの表現があり、刊行されたことが推定できる。また、後年王十朋が福建に赴任した際、提舶の職にあった人物が『楚東集』に拠る詩を作っている(「堤舶示観『楚東集』用張安国韻、因思番陽与唱酬者五人、今六年矣。陳・何二公已物故、余亦離索、為之慨然、復用元韻」、詩集巻二十六）ことが、流布状況の一つの手がかりとなろう。

(20) 竇禹鈞の五子が相継いで科挙に登第したのを受けて、禹鈞と旧知であった馮道が贈った「靈椿一株老、丹桂五枝芳（霊椿一株老い、丹桂　五枝芳し）」という詩句を踏まえる。『宋史』巻二百六十三、竇儀伝。

(21) 欧陽光『宋元詩社研究叢稿』（広東高等教育出版社、一九九六年）。ただし、氏は「楚東詩社」の唱和の内容について「其所吟詠的内容大抵不出詩友贈答、切磋詩芸的範疇、並無渉及過多的社会内容（その詠じる内容のほとんどは詩友の贈答、詩の技量の切磋にすぎず、あまり社会的な内容には及んでいない）」としている。

(22) 唐宋代の唱和活動については、鞏本棟「論唱和与唱和詩詞的淵源、発展与特点」（『中国詩学』第一輯、南京大学出版社、一九九一年）、及び同「関於唱和詩詞研究的幾個問題」（『江海学刊』二〇〇六年第三期、江海学刊編輯部）を参照した。

(23) 北宋期の次韻の用いられ方については、内山精也「蘇軾次韻詩考序説――文学史上の意義を中心に――」（『文学研究科紀要』別冊十五集、早稲田大学大学院、一九八九年）を参照した。

第二章　王十朋『会稽三賦』と史鋳注

一　南宋期における創作主体の移行

南宋という時代を、文学史上にどう位置づけるか。この旧来決して注目されてきたとは言いがたい問いに対し、近年「創作主体の移行期」という位置づけが多角的に論じられつつある。最も早い指摘は宋代を代表する文学ジャンル、詞においてであろう。つとに村上哲見氏が、姜夔などに代表される非官僚文人（純粋文人）が南宋詞の創作主体として登場したことを論じている。[1] 中国でも、王水照・熊海英著『南宋文学史』（南宋史研究叢書、人民出版社、二〇〇九年）が、前言「二、南宋作家的階層分化与文学新変」において、陸游・楊万里などの著名な文人たちが世を去った開禧年間（一二〇五～〇七）前後を一つの画期として、それ以降を大作家不在、「体制外的不入仕作家」の時代とする。

こうした官僚文人から非官僚文人への移行には、当然過渡期が設定されよう。内山精也氏は、宋末元初の「江湖派」を一つの到達点として、詩の近世化を創作主体、詩人階層の変容に求めて論じる際、科挙周縁層を含む中間層文人[2]の増加、及びその版本や出版業との関連について指摘している[3]。

それでは、この中間層文人はどのような文学的営為に参与し、北宋以来の官僚文人層とはどのような関係にあったのか。一般に彼らの事跡は記録に残らず、その実態を把握することが難しい。しかし、版本という媒体によって表面化された、文学作品流通の過程を考える上で、漸次に文学創作に関わるようになった中間層文人についてまず検討する必要があるであろう。そこで、本章では王十朋の作品「会稽三賦[4]」について、この作品が周世則・史鋳という人物の注釈・編集を経た単行本として現在に伝えられることを手がかりに、創作主体移行の過渡期における状況について検討を加えていきたい。

二　王十朋「会稽三賦」と周世則注

「会稽三賦」は、王十朋が状元登第を果たした翌年の紹興二十八年（一一五八）、紹興府僉判として該地に着任した際の作で[5]、三賦とはすなわち「会稽風俗賦」・「民事堂賦」・「蓬萊閣賦」からなる[6]。そこに述べられている内容を概括すれば、まず「会稽風俗賦」は、司馬相如「上林賦」に設定を借りた「子真・無妄先生・有君」による問答形式をとる。子真の「越之山川人物、古今風俗」を教えて欲しいという要請を受けて、有君が逐一説明する部分が賦の過半を占める。終盤の問答では、会稽を風化した人物が歴代の太守、越王勾践、禹そして舜と遡及して挙げられていく。最後は、子真に代わって無妄先生が「上林賦」を援用し、斉や楚の自慢をした子虚や烏有先生は、亡是公に上林苑のことを説かれて論破されたのに、斉や楚よりさらに小さい越のことを誇ってどうするのか、と挑むのに対し、有君が、越について聞かれたから越の事を答えたまでであって、中華全土については一刻も早く失地を取り戻して「皇宋一統之賦」が作られるのを待ち望んでいる、と答えたところで賦が締めくくられる。「民事堂賦」では、災害や重税で苦しむ人民を救うための政治的対策について王十朋の持論が述べられる。また「蓬萊閣賦」では、蓬萊閣から見える四方の景物を描写した後、この閣が元稹の詩作によって有名になったことに触れて彼を賞賛しつつも、元稹の権勢欲を批判し、最後には、唐宋の会稽太守の中で最も優れている人物として、范仲淹の名を挙げる。全体を通して、為政者としての在るべき姿勢、為すべき責務について述べられており、雌伏の時を経て状元となった王十朋の横溢する士大夫としての気概を見ることができる。

この「会稽三賦」の本文には、周世則と史鋳によって注釈が付されている。先行の周世則注（以下、周注と略称）は「会稽風俗賦」のみに付され、王十朋の別集である『梅渓集』に収録されている。周注を概観すると、経書（『周礼』・『尚書』禹貢・『春秋』）や史書（『史記』・『漢書』）をはじめ様々な書物が引用されているが、その中心となるのは、（A）『図経』や『郡国志』・『輿地志』を引く地理的情報の説明や、（B）『史記』・『呉越春秋』・『越絶書』を引く歴史的由来の確認となる注釈である。(7) 以下に一例ずつを挙げる(8)（以下、「会稽三賦」本文の注釈対象となる句は**ゴチック体**で示す）。

（A）**彭鮑名存**、蛾馬迹迷。　　　　彭鮑 名《な》存し、蛾馬 迹《あと》迷ふ。

（「会稽風俗賦」）

【周注】『圖經』、「彭山在會稽縣北五里。」『典錄』云、「彭祖所隱居之城。」鮑郎山一名陽堂山、在今大能仁寺之前、『郡國志』云、「山有鮑郎祠本名。蓋後漢人、葬此。」
『図経』にいふ、「彭山 会稽県北五里に在り」と。『典録』に云ふ、「彭祖の隠居せる所の城なり」と。鮑郎山、一名は陽堂山、今の大能仁寺の前に在り、『郡国志』に云ふ、「山に鮑郎の祠有りて名を本づく。蓋し後漢の人ならん、此に葬らる」と。

(B) 昔禹治水之既畢、(9) 與羣后計功苗山。**更名會稽、卒而葬焉。祠廟陵寝、于今尚存。**
昔 禹 治水の既に畢《おは》れるや、群后と功を苗山に計る。**名を会稽に更《あらた》め、卒して焉《ここ》に葬らる。祠廟 陵寝、今に于《おい》て尚ほ存す。**
(「会稽風俗賦」)

【周注】『圖經』、「禹陵在會稽山。」『呉越春秋』、「禹到越、因病死、葬焉。葦槨桐棺、穿壙七尺、下無及泉、墳高三尺、土階三等。」『越絶書』、「少康立祠於禹陵所。」
『図経』にいふ、「禹陵 会稽山に在り」と。『呉越春秋』にいふ、「禹 越に到り、病に因りて死し、焉に葬らる。葦槨 桐棺、壙《あな》を穿つこと七尺、下は泉に及ぶ無く、墳は高さ三尺、土階は三等たり」と。『越絶書』にいふ、「少康 祠を禹陵の所に立つ」と。

また、詩文を引用する注釈も散見されるが、そのほとんどは会稽の地に縁のあるものである。

脩竹茂林、緬想陳迹兮。　　脩竹　茂林、陳迹を緬想す。

（「会稽風俗賦」）

【周注】『輿地志』云、「山陰縣西有蘭亭」。王羲之「序」云、「此地有崇山峻嶺、茂林脩竹。」又云、「俛仰之間、以爲陳迹。」

『輿地志』に云ふ、「山陰県の西に蘭亭有り」と。王羲之「序」に云ふ、「此の地　崇山　峻嶺、茂林　脩竹有り」と。又云ふ、「俛仰の間、以て陳迹を為す」と。

船龍夭矯、橋獸睢盱。　　船龍　夭矯たり、橋獸　睢盱《きく》す。

（「会稽風俗賦」）

【周注】白樂天詩、「船頭龍夭矯、橋脚獸睢盱。」

白楽天詩にいふ、「船頭の龍は夭矯たり、橋脚の獣は睢盱す」と。

ここに例示した王羲之「蘭亭序」や白居易「和微之春日投簡陽明洞天五十韻[10]」のように、周注に挙げられるのは、実際に会稽を舞台にした作品で、なおかつ賦本文の直接的な典拠となる詩文である。

ところで、この注釈を施した周世則という人物については、ほぼ未詳である。ただ、王十朋の実子である王聞礼編集のテキストを祖とする『梅渓集』に「門人周世則注」と記載されること、『会稽三賦』単行本の史鋳序に「剡渓周君之注」とあるのに拠れば、剡渓（浙江省嵊州市）出身の王十朋に師事した人物が注釈を附したことになる。この周注の質・量ともに満足せず、自ら三賦すべてに注釈を加えたのが、もう一人の史鋳という人物である。

三　史鋳と『会稽三賦』

『会稽三賦』単行本を編集した史鋳という人物について、関連史料は『会稽三賦』と『百菊集譜』に載せられた序文しか残されていない。それに拠れば、史鋳は字を顔甫、号を愚斎といい、『会稽三賦』の序文に「嘉定丁丑（十年、一二一七）」とあり、また『百菊集譜』の序に「淳祐壬寅（二年、一二四二）」、その補遺の序に「淳祐庚戌（十年、一二五〇）」と見える。両書の編集作業に三十年近い間があることから、『会稽三賦』単行本は、史鋳が比較的若い頃に編集したものと思われる。(11)また「会稽風俗賦」の題の後に、「剡溪周世則注」に続いて「郡人史鋳増注」とあり、「民事堂賦」及び「蓬萊閣賦」には「愚斎処士注」とあることから、会稽出身の処士を称していたことが確認される。

彼が「会稽三賦」に注釈を加えた動機は、序文に以下のように述べられる。

竊惟「風俗」一賦、雖有剡溪周君之注、惟以表出山川事物爲意。而公之文章以經史百家之言、盤屈於筆下者殊未究其根柢。曁「民事」・「蓬萊」之作、其注又闕然無聞、遂使覽者惜其未備。鑄平日嗜公之文、至於成癖。由是不揆蕪淺、輒皆爲之注。雖未必一一盡得公本意、且以補周君遺闕。

窃《ひそ》かに惟《おも》ふに「風俗」一賦、剡渓周君の注有ると雖も、惟《た》だ山川事物を表出するを以て意と為すのみ。

而《しか》るに公の文章 経史百家の言を以てせば、筆下に盤屈する者は殊に未だ其の根柢を究めず。「民事」・「蓬萊」の作に曁《およ》びては、其の注 又闕然として聞こゆる無く、遂に覧る者をして其の未だ備はざるを惜しましむ。鋳 平日より公の文を嗜み、癖を成すに至る。是に由りて蕪浅を揆《はか》らず、輒ち皆之が注を為す。未だ必ずしも一一尽《ことごと》く公の本意を得ざると雖も、且《しばら》く以て周君の遺闕を補はん。

前節に見たように周注が「惟だ山川事物を表出するを以て意と為す」こと、かつ他の二賦に注釈がないことを惜しんだ史鋳は、三賦すべてに注釈することを決意した。しかし、史鋳の序文を読む限り、彼は「会稽三賦」の主題、すなわち王十朋の国家に対する使命感・責任感については言及していない。

初めに概要を述べたように、「会稽三賦」には、王十朋の為政者としての姿勢が表れている。中でも「会稽風俗賦」の掉尾を飾る有君の言葉には、当時の情勢を憂い、失地恢復を願う王十朋の思いが直截に吐露されている。

今天子披輿墜之圖、思祖宗之績、求治如不及、見賢而太息、文徳既脩、武事時閲、蓋將舞干戚而服遠夷、復侵疆而旋京闕。余竢其車書同、南北一。倣吉甫、美周室、賦崧高、歌吉日。招魯公、命元結。磨蒼崖、禿鉅筆。頌中興、紀洪烈。邁三五、敻前謀。亘天地、昭日月。於是窮章亥之所歩、攷神禹之所別。覽四海九州之風俗、掩兩京三都之著述、騰萬丈之光芒、有皇宋一統之賦出、回視會稽、蓋甄陶中之一物。

今 天子 輿墜の図を披《ひら》き、祖宗の績を思ひ、治を求むること及ばざるが如く、賢に見《まみ》えて太息し、文徳既に脩め、武事 時に閲し、蓋し将に干戚舞ひて遠夷を服し、侵疆を復して京闕に旋《かへ》らんとす。余 其の車書 同じくし、南北 一にするを竢《ま》つ。吉甫に倣ひ、周室を美《ほ》め、崧高を賦し、吉日を歌はん。魯公を招き、元結に命ず。蒼崖を磨き、鉅筆を禿《は》ぐ。中興を頌し、洪烈を紀《しる》す。三五を邁《す》ぎ、前謀を夐《はる》かにす。天地に亘《わた》り、日月を昭《て》らす。是に於て章亥の歩む所を窮め、神禹の別る所を攷す。四海　九州の風俗を覧、両京　三都の著述を掩《おほ》ひ、万丈の光芒を騰《あ》げ、皇宋一統の賦 出だす有らば、回《めぐ》りて会稽を視るに、蓋し甄陶中の一物ならん。

赴任地である会稽こと紹興府についての作品において、王十朋は結論を宋朝による中原恢復の希求に導いている。他の二賦においても、彼は同様に為政者の視点から作品を創作している。こうした使命感は、史鋳の序文には表出されないのである。

史鋳はその序文において、「会稽三賦」という作品を以下のように評した。

若夫士大夫居是邦、遊是境、則是賦也不可以不知。其或外此者、苟能一目則不必上會稽探禹穴、不必投剡中登天姥、其若耶・雲門又不必青鞋布韈也。或從官於此、則鏡湖・秦望之遊亦不必月三四焉。況人材・風俗與夫登覽之勝、班班靡不具在。俾盛傳於世、豈曰小補哉。

若《も》し夫《そ》れ士大夫 是の邦に居り、是の境に遊ばば、則ち是の賦や以て知らざるべからず。其れ或いは此に外する者、苟《いや》しくも能く一目せば則ち必ずしも会稽に上りて禹穴を探らず、必ずしも剡中に投じて天姥を登らず、其れ若耶・雲門は又必ずしも青鞋布韈せざるなり。或いは官を此に従はば、則ち鏡湖・秦望の遊も亦た必ずしも月に三四ならず。況んや人材・風俗と夫の登覧の勝をや、班班として具さに在らざる靡《な》し。盛んに世に伝へしめば、豈に小補と曰ふのみならんや。

史鋳は「会稽三賦」を読むことで、「会稽」という一地方の「人材・風俗」及び「登覧の勝」を居ながらにして詳細に把握できると言い、その描写の写実性・具体性を高く評価している。しかし、宋朝に仕える士大夫としての使命感・責任感には共鳴しないのである。ここには両者の観点の差異を見て取れよう。この差異は、同じように会稽という地方を紹介する『嘉泰会稽志』に陸游が寄せた序文を見れば、より明確に理解することができる。

昔在夏禹、會諸侯於會稽。歴三千歳、而我高宗皇帝御龍舟、横濤江、應天順動、復禹之迹。駐蹕彌年、定中興之業、群盗削平、強虜退遁。於是用唐幸梁州故事、陞州爲府、冠以紀元。

昔　夏禹在り、諸侯を会稽に会す。三千歳を歴、我が高宗皇帝　龍舟を御し、濤江を横ぎり、天の順動するに応じ、禹の迹に復す。駐蹕　年を彌《わた》り、中興の業を定むるに、群盗　削平し、強虜　退遁す。是に於て唐の梁州に幸ずるの故事を用《もっ》て、州を陞して府と為し、冠するに紀元を以てす。

官僚文人である陸游にとって、会稽に関して真っ先に語られるべきは、皇帝が巡幸した行宮であったという事実なのである[12]。この意識のずれは、史鋳が地方社会を活動の限界とした階層に属していたことを示唆する。以下に確認するが、彼が自称の通りに非官僚層の文人であるとは認めがたいものの、中間層文人と見なすことは可能であろう。

そもそも、宋代以前においては、詩文に対する注釈自体一般的ではなかったことに鑑みれば、王十朋が当時高名であったとしても、王十朋本人と直接の交流がない一介の文人が、その単独作品に注釈を付しているということ自体が画期的なことである。『会稽三賦』こそは、中間層文人の活動が版本として今に伝えられる好個の実例なのである。

四　史鋳注の特徴

それでは、南宋期の中間層文人であったと思われる史鋳の注釈（以下、史注と略称）には、どのような特徴が見出せるだろうか。以下、三点の特徴を挙げ、注釈の具体例を検討した上でその意義について考えたい。

まず目につくのは、注釈だけで一葉を費やすほどの詳細な考察である。とりわけ、「会稽風俗賦」の周注に対する増注に、細やかな校訂や補足が散見される。

有菱歌兮聲峭、有蓮女兮貌都。　**菱歌　声　峭なる有り、蓮女　貌　都なる有り。**

（「会稽風俗賦」）

【周注】謝靈運詩、「菱歌調易急。」王翰詩、「不知湖上菱歌女、幾箇春舟在若耶。」

謝霊運詩にいふ、「菱歌　調べ急なり易し」と。王翰詩にいふ、「知らず　湖上　菱歌の女、幾箇の春舟若耶に在るを」と。

【史注】舊注「菱歌調易急」、按『文選』本是「采菱調易急。」

旧注にいふ「菱歌　調べ急なり易し」と、按ずるに『文選』本《もと》是れ「采菱　調べ急なり易し」と。

周注は「菱歌」の注として謝霊運「道路憶山中一首」（『文選』巻二十六）冒頭の句を引用するが、史注は『文選』の本文を参照し、「菱歌」ではなく「采菱」に作ることを補足している。[13] このような文献学的批判の矛先は、時に周注のみならず、作者の王十朋にも向けられる。

木則楓挺千丈、**松封五夫**。　木は則ち楓 千丈に挺《ぬき》んで、**松 五夫に封ぜらる**。

（「会稽風俗賦」）

【周注】上虞有地名五夫、始皇封松木爲五大夫之處。

上虞に地名 五夫有り、始皇 松木を封じて五大夫と為すの処なり。

【史注】此蓋牽於世俗之傳。按『史記』、封樹爲五大夫在泰山。

此れ蓋し世俗の伝に牽かるるならん。『史記』を按ずるに、樹を封じて五大夫と為すは泰山に在り。

周注は上虞県に「五夫」という地名があるのを、始皇帝が五本の松を大夫に任じた場所であると紹介する。しかし史注は、世俗の伝承が泰山の故事を援用したにすぎないと一蹴し、『史記』を挙げて例証する。[14] こうした文献学的態度は、史鋳が実際に様々な書籍を活用できる知識人であったことを意味するであろう。

それに関連して、史注の第二の特徴である同時代の書物からの引用について見ていきたい。例えば、杜甫詩の趙次公注は、林継中氏によれば紹興年間に成ったものであるが、[15] 史注にはこの趙次公注の引用が二例確認される。

萬艸千華、機軸中出。　**万艸千華**、機軸の中《うち》より出づ。

（「会稽風俗賦」）

【史注】杜甫「白絲行」、「繰絲須長不須白、越羅蜀錦金粟尺。象床玉手亂殷紅、萬草千花動凝碧。已悲素質隨時染、裂下鳴機色相射。」趙次公注曰、「萬草千花、言錦上羅上之繁紋也。」

杜甫「白絲行」にいふ、「糸を繰るは長きを須《もち》ひ白きを須ひず、越羅　蜀錦　金粟の尺。象床の玉手　殷《あん》紅《こう》を乱し、万草　千花　凝碧に動く。已に悲しむ　素質の時に随ひて染めらるるを、裂きて鳴機より下せば色相射る」と。趙次公注して曰く、「万草千花は、錦上羅上の繁紋を言ふなり」と。

この例では、「萬艸千華」の注釈に杜甫「白絲行」とその趙次公注を引き、(16)布に施される縫い取りの描写であることを説明している。

擢秀科目之榮者、策名卿相之貴者、　**秀を科目の栄に擢《ぬき》んずる者、**名を卿相の貴きに策する者、

（「会稽風俗賦」）

【史注】『晉書』文苑傳、「擢秀士林。」杜甫「醉歌行」、「偶然擢秀非難取。」趙次公注曰、「言科擧搴擢英秀。」

『晋書』文苑伝にいふ、「秀を士林に擢んず」と。杜甫「酔歌行」にいふ、「偶然に秀を擢んずること取り難きに非ず」と。趙次公注して曰く、「科挙の英秀を搴擢するを言ふ」と。

「擢秀」という語が杜甫の詩に見え、それが科挙登第を指すものであることが、趙次公注の引用によって明示される。(17)史鋳が趙次公注を目睹したテキストの特定は困難であるが、同時代人による杜詩の注釈を中間層文人が

参照し活用できたことは注目に値しよう。[18] これは、出版業が隆盛し流通するテキストの数量が増大したことと無縁ではないであろう。

他にも、史鋳はより近い時期に成立した『嘉泰会稽志』を参照し注釈を加えている。[19] 例えば、「会稽風俗賦」の「東山臥兮白雲迷（東山臥して白雲迷ふ）」という句の史注に「『會稽志』云、東山在上虞縣西南四十五里（『会稽志』に云ふ、東山 上虞県の西南四十五里に在り）」とあるように、地方志の引用をもって地理的情報の追加や確認を行うものがほとんどである。しかし、この『会稽志』の記述にも、史鋳が誤りを見つけ指摘している例が存在する。

銭氏世賢科之盛、史門繼衣錦之榮。　銭氏 賢科の盛んなるを世《よ》にし、史門 衣錦の栄んなるを継ぐ。

（「会稽風俗賦」）

【周注】剡中史氏兄弟相繼登科、郷號繼錦。

剡中の史氏 兄弟相継いで登科す、郷 継錦と号す。

【史注】繼錦、舊名合化。『會稽志』云、「繼錦郷在嵊縣、以史氏所居得名。先是、史屯田綸登科、至其姪中大安民・子兵部侍郎叔軻繼以科、名顯。」今案宗譜、安民當爲姪孫、登科在叔軻之後。次第如此、則合登科記。今郡庠有進士題名石刻、其名皆逸而不載、由登科記舊不著郷里以表之、故失取爾。

継錦、旧名は合化なり。『会稽志』に云ふ、「継錦郷は嵊県に在り、史氏の居る所を以て名を得たり。是より先、史屯田綸 登科し、其の姪中大安民・子兵部侍郎叔軻 継ひで科を以てするに至り、名顕《あら》はる」と。今宗譜を案ずるに、安民 当に姪孫と為し、登科は叔軻の後に在らしむべし。次第此《か》くの如ければ、則ち登科記に合ふ。今郡庠に進士題名の石刻有り、其の名皆逸して載せざるは、登科記の旧《もと》より郷里を著さずして以て之を表すに由る、故に取るを失ふのみ。

科挙及第者を相継いで輩出した継錦の史氏に対する注釈において、史注は『会稽志』を引いて具体的な及第者を確認するが、その続柄や進士及第の先後の誤りを、「宗譜」や「登科記」を用いて正している[20]。先行する注釈・書籍の校正及び内容の修正を、他の書籍や資料を活用して行っていることや、杜甫詩の趙次公注や『嘉泰会稽志』のような同じ南宋期に編まれた書籍を参照していること[21]、さらにはそれらを用いた校勘という発想を彼が有していたこと、これらは中間層文人である史鋳が、相当数の書籍を扱える環境にあったことを示すものである。それらの書籍が抄本あるいは版本のいずれであったかの特定は難しいが、ともかく史鋳のような中間層文人も、それらを活用することで書籍の編集に参与することが可能になったのである。

このような現象に関連して、史注の第三の特徴について見ていきたい。すなわち、詩歌を引用する注釈についてである。先に確認したように、周注が引用する詩文は王十朋の賦本文の典拠であり、それは必然的に会稽を舞台とする作品であった。史注の引用する詩歌作品も類似した傾向はあるが、単なる典拠から逸脱した注釈が散見されるのである。例えば、「会稽風俗賦」の「風焉而波（風ありて波す）」という句の史注には、以下のように賀知章の詩句が引用される。

【史注】賀知章「還郷」詩、「唯有門前鏡湖水、春風不改舊時波。」

賀知章「還郷」詩にいふ、「唯《た》だ有り　門前　鏡湖の水、春風　旧時の波を改めず」と。

「風によって波立つ」という情景描写に対して引かれるこの賀知章の詩句[22]は、確かに舞台が会稽・鏡湖（鑑湖）ではあるが、典拠としての引用を逸脱した注釈であると言えよう。また、「民事堂賦」の「**猶鼠雀之偸太倉**（**猶ほ鼠雀の太倉を偸《ぬす》めるがごとし**）」という句の史注は、以下のようである。

【史注】韓文「和盧郎中送盤谷子」詩、「家請官供不報答、無異雀鼠偸太倉。[23]」東坡「寄劉孝叔」詩、「方將雀鼠偸太倉、未肯衣冠挂神武。[24]」山谷「送朱中允」詩、「我官雀鼠盜太倉。[25]」
韓文（韓愈）「盧郎中の盤谷子を送るに和す」詩にいふ、「家は官供を請ふて報答せず、雀鼠の太倉を偸《ぬす》めるに異なる無し」と。（蘇）東坡「劉孝叔に寄す」詩にいふ、「方に雀鼠を将《もっ》て太倉を偸み、未だ肯へて衣冠を神武に挂《か》けず」と。（黄）山谷「朱中允を送る」詩にいふ、「我 官すること　雀鼠の太倉を盜めるがごとし」と。

賦の本文が韓愈の詩句を踏まえたものであることは一目瞭然であるが、史注はそこからさらに、蘇軾及び黄庭堅の用例も列挙する。ここも単なる用典の確認ではなく、この「雀鼠偸太倉」という詩語の来歴をたどるものとなっている。このような饒舌な注釈からは、史鋳の詩歌という文藝に対する関心の高さを見て取ることができよう。実際に、彼が編んだもう一つの書籍『百菊集譜』には、彼が詠んだ菊を題材とする七言絶句（及び集句詩）が収められている。要するに、史鋳は科挙と無縁な「処士」を称しているが、作詩に関連する能力を備えており、この点からも彼は官僚予備群とも言うべき中間層文人であったと考えられるのである。

以上のように、『会稽三賦』史注は、宋代、飛躍的に拡大された文学作品の流通において、中間層文人が重大な役割を果たしていたことを示す好例である。彼らは編集者として文学作品の供給に寄与し、またそれらの読者として需要の拡大にも貢献したであろう。史注にも、同時代の書籍が活用されていることは確認した通りである。

最後に、創作主体移行の過渡期としての南宋期と、中間層文人の新興との関連性についてまとめたい。後に登場する民間文人の準備段階として中間層文人の活動を考えれば、彼らの登場は、書籍による知識・教養の拡散現象の結果であると意義づけられよう。それまで朝廷近辺に限定されていた書籍の活用は、南宋期において中間層文人にも十分可能な活動となったのである。かくて、創作主体移行の過渡期を象徴する南宋の中間層文人は、文学作品の一次創作者ではなく二次創作者（編集者・注釈者）として表舞台に登場し、この時代の文学作品流通の過程の一翼を担ったのである。(26)

注

（1）村上哲見『宋詞研究　南宋篇』（創文社、二〇〇六年）第一章「綜論」（初出は「南宋詞綜論」、宋詞研究会『風絮』創刊号、二〇〇五年）。また同氏『中国文人論』（汲古書院、一九九四年）に収める「文人・士大夫・読書人」（初出は中文研究会『未名』第七号、一九八八年）にも同様の指摘がある。

（2）本書序章第三節を参照。

（3）内山精也「古今体詩における近世の萌芽――南宋江湖派研究事始――」（宋代詩文研究会江湖派研究班『江湖派研究』第一輯、二〇〇九年）。

（4）管見の限り、史書の藝文志や『文献通考』などに記載は見られないが、「宋刻元修本」とされる単行本が北京国家図書館に所蔵される（再造善本の影印がある）。また明人の南逢吉による校注を加えた明版（『惜陰軒叢書』所収）も現存する。なお、本章では「王十朋の作品」を指す場合は「会稽三賦」、単行本を指す場合は『会稽三賦』と表記する。

（5）汪応辰「龍図閣学士王公墓誌銘」（『文定集』巻二十三）に「又詔、『王十朋係朕親擢第一人、欲試以民事、尚待遠缺可。』特

添差紹興府簽判（又詔すらく、『王十朋係《こ》れ朕の第一人に親擢す、試すに民事を以てせんと欲す、尚ほ遠欠を待つも可なり』と。特に紹興府簽判に添差す）」とある。

(6) 史鋳の注には前二賦に「戊寅（紹興二十八年）冬作」とあるが、「蓬萊閣賦」のみ「此作固在二賦之後而成。然其中所述卽戊寅之中秋、蓋追思而作者也（此の作 固より二賦の後に在りて成る。然るに其の中の述ぶる所即ち戊寅の中秋なり、蓋し追思して作れる者ならん）」とあり、追憶の作とする。

(7) 周注全体においては、特に引用を明記せず直接地理や人物の説明を加える注が最も多い。引用書名がまったく示されない注釈は、全二百七十六条中百十条を占める。

(8) 以下、「会稽三賦」のテキストについては『托跋廛叢刻』所収陶湘重刻宋本を底本とし、『湖海楼叢書』所収本、『梅渓集』（『四部叢刊』、本文及び周注のみ）を参照した。なお、本文に古字や隷書を用いる箇所は史鋳注を参照して適宜表記を改めている（「畣」→「同」など）。

(9) 「既」字、『梅渓集』には無し。

(10) 宋本『白氏文集』巻二十六所収。「陽明洞天」は、「会稽風俗賦」に「洞曰陽明、群僊所棲」とあり、周注に「『龜山白玉上經』曰、會稽山周回三百五十里、名陽明洞天、皆僊聖天人都會之所（『亀山白玉上経』に曰く、会稽山 周回三百五十里、陽明洞天と名づく、皆僊聖天人の都会するの所なり）」とある。

(11) また、この淳祐十年（一二五〇）という時間は、王十朋の死去（一一七一）から七十九年後に当たり、仮にこの時史鋳が八十歳だと仮定しても、王十朋死去時にやっと生まれたばかりであったことになる。

(12) 高宗は建炎三年（一一二九）十月に建康から越州に巡幸し、その間南進してきた金軍を避けるため明州から同州まで逃れた時期を挟み、紹興元年（一一三一）十一月に杭州臨安に巡幸するまで越州に駐蹕した。高橋弘臣「南宋初期の巡幸論」（『愛媛大学法文学部論集人文学科編』第十五号、二〇〇三年）を参照。

(13) 現存する『文選』諸本は、管見の限りすべて「采菱」に作る。

(14) 『史記』秦始皇本紀に「乃遂上泰山、立石、封、祠祀。下、風雨暴至、休於樹下、因封其樹爲五大夫（乃ち遂に泰山に上り、石を立て、封じ、祠祀す。下るに、風雨暴《には》かに至り、樹下に休む、因りて其の樹を封じて五大夫と為す）」とある。

(15) 林継中輯校『杜詩趙次公先後解輯校』（上海古籍出版社、一九九四年）前言を参照。林氏は趙注成立の時期を、紹興四～十七年（一一三四～四七）の間と推定する。

(16) 宋本『杜工部集』巻一、注は『杜詩趙次公先後解輯校』甲本巻五。

(17) 宋本『杜工部集』巻一、注は『杜詩趙次公先後解輯校』甲本巻四に見えるが、「上句言科擧一日之長、搴擢英秀亦偶然爾。既偶然擢之、非難取也（上句言ふらくは科挙一日の長、英秀を搴擢するも亦た偶然なるのみ。既に偶然に之を擢す、取り難きに非ざるなり）」とあり、史注の引用とは異同がある。

(18) 史鋳が見たテキストは前掲の趙次公単注本や百家注、千家注などの杜詩集注本系統が考えられるが、現存しないものの可能性を含め確定は困難である。

(19) 史注には『会稽志』とのみ表記されるが、注釈の中に『会稽志』の編集者を指して「嘉泰初諸公」とあることから、史注に引用される『会稽志』が『嘉泰会稽志』であることがわかる。なお史注の『会稽志』引用は計十五例あり、具体的な本文引用ではない二例を除いた十三例の引用は、現存の『嘉泰会稽志』（『宋元地方志叢書』、中国地志研究会編、一九七八年）に確認することができる。

(20) 宝慶三年（一二二七）の序文がある『会稽続志』巻六「進士」に、史綸は天聖五年（一〇二七）、史叔軻は景祐元年（一〇三四）、史安民は熙寧九年（一〇七六）の牓の進士として名前がある。ただし続柄は『会稽志』と同じく、叔軻を「綸之子」とし、安民を「綸之姪」とする。

(21) この他にも、「民事堂賦」に洪邁『容斎続筆』が、「蓬萊閣賦」に曾慥『皇宋百家詩選』が引用される。

(22) 該句は、北宋の孔延之が編集した『会稽掇英総集』巻二に賀知章「回郷偶書」（二首の其二）として見える。

(23) 韓愈「盧郎中雲夫寄示送盤谷子詩両章、歌以和之」詩。『朱文公校昌黎先生集』巻五（『四部叢刊』所収）は「家請官供不報答、何異雀鼠偸太倉」と作り、『新刊経進詳注昌黎先生文』巻五（宋蜀刻本影印）は「家請官給不報答、無異雀鼠偸太倉」と作る。

(24) 宋本『東坡集』巻五、『増刊校正王状元集注東坡先生詩』巻十六（簡寄）。後者の注釈に韓愈の詩句が引用される。

(25) 黄庭堅「送朱既中允宰宋城」詩。この詩は李彤編『山谷外集』巻十二（文淵閣『四庫全書』所収）に収めるが、史容の『外集注』には未収。筧文生・野村鮎子『四庫提要北宋五十家研究』（汲古書院、二〇〇〇年）を参照。

(26) 例えば、阮閲『詩話総亀』や胡仔『苕渓漁隠叢話』が歴代の詩話を「集める」スタイルであること、また杜甫・蘇軾詩集の集注本（その中には、王十朋の名を冠する系統を有する。第三章を参照）が流行したことは、その編集者が中間層文人であったことを示唆するであろう。

第三章　「王状元」と福建——王十朋と『王状元集百家注東坡先生詩』の注釈者たち——

一　南宋刊本と冠辞

唐末五代にその起源が求められる図書出版は、官刻を中心とした北宋期を経て、南宋期に隆盛を迎えた。宋代における図書出版の発展・拡大を示す現象として、浙江・四川・福建の各地域で展開された地方出版を挙げることができる。とりわけ福建建陽本は、「麻沙本」の代名詞で呼ばれ、劣悪な品質であるとされた坊刻本で知られる。南宋初期から中期にわたって、この福建建陽で刊行される書物の内容もしくは書名は、多分に喧伝性を帯びるようになる。すなわち、南宋中期の版本には、他本との差異化を図ったと思しき、長大な書名が目につくようになるのである。例えば、『監本纂図重言重意互注点校毛詩』、『新刊五百家注音辦昌黎先生詩集』といった書名には、「監本」「纂図」「新刊」などのように、「どのような特長を有するか」が示され、また「重言」「重意」「五百家注」「音辦」のように「どのような注釈を付すか」が列挙され、誇示される。ここには明らかに、意図的な喧伝性が認められよう。

内容の特徴、注釈の豊富さの他に、書名に冠されるのが「誰が編集したのか」、その書物の編集者名である。『東萊先生増入正義音注史記詳節』、『陸状元集百家注資治通鑑詳節』など、これら書名の冠辞に用いられる編集者名には、金文京氏に既に指摘があるように、[1]「状元」、科挙の主席合格者であることを示すものが見られる。

本章で扱う「王状元」こと王十朋は、紹興二十七年（一一五七）の科挙で状元登第を果たした正真正銘の状元であり、南宋中期に刊行された杜甫詩集（『王状元集百家注編年杜陵詩史』）、蘇軾詩集、また『宋王状元標目集注唐文類』（季振宜『季滄葦書目』古文選）、『王状元八詩六帖』（『永楽大典』巻八四九～八五一）の編集者として名が挙がる人物である。王十朋が実際に編集を行ったかについては、依然として議論の余地を有する問題であるが、[2]その真偽を問わず、「王状元」の名に何らかの付加価値が期待できたからこそ、書名に冠せられるに至ったのであろう。その背景には、王十朋への同時代的な評価の高さを想定することができる。では、いかなる評価の下に、いかなる付加価値が期待されたのか。本章では、「王状元」という冠辞が持つ意義と価値について考察する。また、このような冠辞を利用する南宋刊本の編集者・出版者についても論じたい。

具体的には蘇軾詩の集注本、『王状元集百家注東坡先生詩』（以下、「王状元本」と略称）の注釈者百家（実際には九十六家）を考察の対象とする。該書の注釈者には、王十朋との交友関係が確かめられ、その交友関係から、同時代的な王十朋評価、王十朋像の再検証が可能であること、またその最初期の版本が建陽版であり、[3]さらに該書の注釈者が『分門集注杜工部詩』の注釈者に流用されていることから、同時代的な王十朋評価を、特に福建という地域と関連づけて考察できることがその理由である。

二　百名の注釈者について――王文誥の分類を手がかりに――

清人王文誥（一七六四～？、字は純生、号は見大、浙江仁和の人）の手による『蘇文忠公詩編注集成』は、馮応榴（一七四〇～一八〇〇、字は星実、浙江桐郷の人）『蘇文忠詩合注』を踏まえて編集されたもので、とりわけ、その「総案」は蘇軾の伝記に対する詳細な考察として高く評価されている。また、「凡例」において王状元本の注釈者百家に対して分類を試み、「王注姓氏」において注釈者の出自来歴について考察を加えている点でも注目に値する。換言すれば、注釈を施したとされる百家が、作者蘇軾と、そして編集者（と目される）王十朋といかなる関係を有するのかという問題について、初めて光を当てたのが王文誥なのである。王状元本が南宋期に編集・刊行された書物である以上、編集者として標榜される南宋人、王十朋という人物についても考察されるべきであろう。王十朋と注釈者が交友関係にあることを指摘するために、王十朋の別集『梅渓集』、つまり王十朋の詩文を史料として活用した王文誥の分析は、「王状元」の意義を考える上で極めて重要なものである。

「凡例」において、王文誥は注釈者百家を七類に分ける。

(A)「門牆之列」（蘇軾門下）
(B)「由魯直而溯祖」（黄庭堅門下）
(C)「鼓旗相角」（先行注釈書の注釈者）
(D)「北宋有声」（北宋期の著名人）

(E)「南渡登朝、多有忤賊檜而致禍者」（南宋初期、秦檜と対立した人物）
(F)「起永嘉、因王一振」（王十朋の周辺人物）
(G)「南渡理学閩支大宗」（朱子学関係者）

このうち(A)「門牆之列」（蘇軾門下）と(B)「由魯直而溯祖」（黄庭堅門下）には蘇軾とその門弟・黄庭堅に連なる人物が配されており、また(C)「鼓旗相角」（先行注釈書の注釈者）に分類されるのは、先行する十注本の注釈者である。蘇軾の近親・門弟たちと、先行注釈書の注釈者が百家に入っていることは、無理なく理解できよう。次の(D)「北宋有声」（北宋期の著名人）に挙げられる人物が、江西詩派と関わりの深い人物であり、(B)のグループに近いことについては、既に李貞慧氏の指摘がある。[4] 残る(E)「南渡登朝、多有忤賊檜而致禍者」（南宋初期、秦檜と対立した人物）、(F)「起永嘉、因王一振」（王十朋の周辺人物）、(G)「南渡理学閩支大宗」（朱子学関係者）の三グループは、南宋期の人物が該当する。王十朋との交友者として分類されるのは(F)「起永嘉、因王一振」であるが、結論から言えば、(E)、(G)のグループについても、やはり王十朋との関係に着目すべきであり、王状元本の注釈者として挙名される南宋人は、総じて王十朋との関係において把握することが可能である。つまり、(E)〜(G)のグループすべてが、同時代の王十朋評価を考察する対象となり得るのである。

王文誥の分類について付言しておかねばならないのは、王文誥が名を挙げている注釈者は百家のうち六十家ほどであり、すべてを分類しているわけではないことである。注釈者の某がどのグループに属するかを判定する作業は、建設的ではない上に、複数のグループに跨って所属すると判断される注釈者も少なくない。本章はあくまで王文誥が分類したグループの特徴・特質を用いて、その王十朋との関連性を交友関係から考察するものであって、注釈者百家すべての分類を目的とするものではないことを先に断っておきたい。[5]

三　王十朋と反秦檜勢力

それでは、王文誥の分類に従って、王十朋と王状元本の注釈者の関係について見ていきたい。
まず、(E)「南渡登朝、多有忤賊檜而致禍者」（南宋初期、秦檜と対立した人物）は、南宋初期に専権を振るった秦檜[6]（一〇九〇～一一五五）と対立した人物が配されるグループである。まず**呉芾**、**汪涓**（以下、王状元本注釈者名は**ゴチック**で示す）の二人を例として挙げたい。
呉芾（字は明可、台州仙居の人）は、紹興二年（一一三二）の進士で、秦檜と旧知であったが、彼が専権を握ると距離を置くようになり、ついには秦檜に怪しまれて弾劾されるに至った。

呉芾字明可、台州仙居人。舉進士第、遷祕書正字。與秦檜舊故、至是檜已專政、芾退然如未嘗識。公坐旅進、揖而退、檜疑之、風言者論罷。

呉芾 字は明可、台州仙居の人なり。進士の第に挙げられ、秘書正字に遷る。秦檜と旧故なるも、是に至りて檜已に政を専らにす、芾 退然として未だ嘗て識《し》らざるが如し。公坐に旅進せば、揖して退く、檜之を疑ひ、風言の者は罷むるを論ず。

（『宋史』巻三百八十七、呉芾伝）

汪涓（字は養源、信州の人）は、王十朋の墓誌銘（「宋龍図閣学士王公墓誌銘」）を撰した汪応辰の兄であるが、秦檜の兄・秦梓からの推薦の誘いを断った経歴を持つ。

> 『紹興正論』、汪涓字養源、尉宣城。秩垂滿、闕令職狀一紙。知州秦梓意、其必求卽薦之。涓終不屈。或問、「何不從內翰求文字陞陟。」曰、「若爲所薦、則終身爲秦客矣。涓不辭再爲判司一任。」
>
> 『紹興正論』にいふ、汪涓 字は養源、宣城に尉たり。秩満つるに垂《なん》なんとし、令を闕《か》く職状一紙あり。知州秦梓の意、其れ必ず求むれば即ち之を薦めんと。涓 終に屈せず。或《ある》ひと問ふ、「何ぞ内翰に従ひて文字の陞陟するを求めざるや」と。曰く、「若し薦むる所と為れば、則ち終身 秦の客為《た》らん。涓 再び判司の一任為るを辞せず」と。
>
> （『翰苑新書』前集巻五十九「不為秦客」）

また、**陳知柔**（字は体仁、泉州永春の人）は、紹興十二年（一一四二）の進士であるが、この年は秦檜の子である秦熺も進士に登第していた。秦檜を中心とした高位高官の縁者が上位登第をしたため、**陳知柔**の順位が不当に下げられたようである。登第順位の上下は、一生の任官すら左右する重大事であった。

> 陳知柔、字體仁、溫陵人也。擧進士第、嘗知循州・賀州。初知柔與秦熺爲同年進士、一時前列十餘人、皆扳援鼎貴、知柔不少貶、以故齟齬不合。
>
> 陳知柔、字は体仁、温陵の人なり。進士の第に挙げられ、嘗て循州・賀州に知たり。初め知柔 秦熺と同

年の進士為り、一時の前列十余人、皆鼎貴に扳援せらる、知柔貶《おと》さるること少なからず、故を以て齟齬して合はず。

（章定『名賢氏族言行類稿』巻十一）

以上のように、王状元本注釈者には、秦檜に与しなかった経歴を持つ人物の存在が確認できる。それでは、これらの人物は、王十朋とどのように結びつき、「王状元」にどのような価値をもたらしているのだろうか。

王文誥が(E)の分類に挙名している人物で言えば、馮方（字は員仲）は、秦檜専制が崩壊した後、太学生から王十朋とともに「五賢」の一人として称されている。[7]また、張孝祥は、王十朋と共に、秦檜専制崩壊後に復権した張浚（一〇九七～一一六四）の政権下で抜擢された人物であり、両者は乾道元年（一一六五）に、饒州（江西省鄱陽）において詩歌の応酬をしている。[8]そもそも、王十朋の状元登第（紹興二十七年〔一一五七〕）こそは、秦檜の死後初めて行われた科挙における、秦檜専制への反動と革新という政治情勢の象徴であり、「王状元」が(E)のグループと強い関連を持つことが明白である。反秦檜勢力の象徴的存在、これこそ「王状元」に込められた同時代評価の一つであると考えられる。

秦檜への積極的な反対というほどではないが、秦檜専制の腐敗ぶりに与しなかった経歴を持つ人物と言えよう。

四　王十朋と故郷・温州

(F)「起永嘉、因王一振」（王十朋の周辺人物）は、王十朋の出身・浙江温州において彼との交友関係を持つグループである。同郷という地域的要因に強く依存しているため、彼らの事跡は史料に乏しく、『梅渓集』に収められる王十朋の詩文が重要な手がかりとなる。なかでも、王十朋が開いた梅渓書院の門人の名前を詠み込んだ「梅渓題名賦」（『全集』文集巻六）には、王状元本注釈者の六人の名が確認できる。

①陳元佐、字は希仲…「敢不希仲舒之明經（敢へて仲舒の明経なるを希《ねが》はず）」[9]
②万庚、字は先之…「先之以孝忱之意（之に先んずるに孝忱の意を以てす）」
③万庠、字は申之…「申之以敦信之誠（之に申すに敦信の誠を以てす）」
④万椿、字は大年…「如椿之靈（椿の霊なるが如し）」
⑤呉翼、字は季南…「如翼斯飛（翼の如く斯れ飛ぶ）」
⑥朱少雲、字は吉作…「吾徒之秀、乃有詞賦兮、少雲之作（吾が徒の秀なる、乃ち詞賦有らば、少雲の作なり）」

この梅渓書院については、「梅渓題名賦」冒頭の自注に詳しい。

自淵獻而逮乎敦牂兮　頊十朋而今百朋　淵献（亥年）自《よ》り敦牂（午年）に逮《およ》ぶ　頊《むかし》十朋にして今　百朋たり

〔自注〕予癸亥秋闢館聚徒、游從者十人、至庚午歳、通數之、凡一百二十二人。

予　癸亥の秋に館を闢《ひら》き徒を聚《あつ》む、游従する者十人、庚午の歳に至りて、通して之を数ふれば、凡そ一百二十二人たり。

紹興十三年（癸亥、一一四三）から二十年（庚午、一一五〇）までの足かけ八年、梅渓書院の門をくぐった者は百二十二人にもなるという。すなわち、王十朋は三十代の壮年期を家塾の教師として過ごしており、この時期は進士登第以前の下積みの時期だったようである。

相勉惟清白　　相勉めて清白を惟《おも》ひ
囊如四壁空⑽　　囊は四壁の空しきが如し
難忘將絶語　　忘れ難し　将《まさ》に絶えんとするの語
勸我莫言窮　　我に勧む　窮を言ふ莫れと

〔自注〕予一日忽言窮、令人曰「君今勝作書會時矣、不必言窮。」予悦其言、蓋死之前數日也。

予　一日忽ち窮を言ふ、令人（妻）曰く「君　今　書会を作《な》す時に勝れり、必ずしも窮を言はず」と。予　其の言を悦ぶ、蓋し死の前数日なり。

（王十朋「悼亡」、『全集』詩集巻二十六）

乾道四年（一一六八）、知泉州在任中、王十朋は妻の賈氏に先立たれてしまう。「悼亡」詩において、困窮する王十朋に対し、妻は、「塾の先生をしていた頃よりは良いでしょう[11]」と言って励ます。数日後、賈氏は他界してしまうが、その言葉は王十朋の耳から離れない。

ここで注意すべきは、困窮する王十朋を励ます言辞の中で、家塾教師時代が困窮の比較対象として挙げられている点である。先に、秦檜死後に生じた気運に乗って華々しく状元登第を果たした王十朋像を見てきたが、ここでは逆に、決して有望とは言えない環境から、苦難を乗り越え登第した王十朋像[12]を見て取ることが可能であろう。汪応辰が撰した王十朋の墓誌銘を見ても、楽清王氏が決して名族ではなかったことがわかる。

公諱十朋、字龜齡、姓王氏、溫州樂淸人。曾祖信、祖格、父輔父、以公貴贈左朝散郎、母萬氏贈碩人。其先自錢塘徙、至朝散公始業儒、有聲。

公　諱は十朋、字は亀齢、姓は王氏、温州楽清の人なり。曾祖信、祖格、父輔父、公の貴きを以て左朝散郎を贈られ、母万氏　碩人を贈らる。其の先　銭塘自《よ》り徙《うつ》る、朝散公に至りて始めて儒を業とし、声有り。

（汪応辰「宋龍図閣学士王公墓誌銘」、『文定集』巻二十三）

ここには王氏が朝散公、すなわち父親の代から学問に取り組み始めたことが記されている。王十朋の出身は代々進士を輩出するような家柄ではなかったが、そこから下積みの時代を経て状元登第の栄誉を勝ち取っている。「王状元」は、科挙が本来約束すべきサクセスストーリーの体現者という意義も有していた。

こうした成功者に要求されるのが、同郷人を推薦し引き立てる活動、中央とのパイプ役である。梅渓書院の門弟であった**万庚**（字は先之）は、太学上舎の上位卒業をもって官界に在ったが、栄達の途にはなかった。そこで王十朋は、赴任先の泉州から、時の宰相、虞允文に**万庚**を推薦する。

虞允文入相、王十朋自泉南貽書薦之、謂「庚爲上舍第一、今太學上游多在館閣、而獨庚汨沒、乞加識擢以奬恬退。」虞得書、議除學官、未上卒。

虞允文 相に入る、王十朋 泉南自《よ》り書を貽《おく》りて之を薦む、謂《いは》く「庚 上舍の第一為り、今太学の上游 館閣に在る多し、独り庚 汨没す、乞ふ 識擢を加へて以て恬退を奨めんことを」と。虞 書を得、学官に除するを議せんとするに、未だ上らずして卒す。

（『両浙名賢録』巻四十六「洪州録参万先之庚」）

残念ながら、虞允文が推薦する前に、**万庚**は死去してしまう。

太學時名重　　太学に時名重く
吾鄕徳譽崇　　吾が郷に徳誉崇《たか》し
才華盍天祿　　才華は天禄を盍《おほ》ひ
官職止儒宮　　官職は儒宮に止む
相國方知愈　　相国　方に（韓）愈を知り
諸公競薦雄　　諸公　競ひて（揚）雄を薦む
天涯忽聞訃　　天涯　忽ち訃を聞き

老涙灑西風　　老涙　西風に灑《そそ》ぐ

（「哭万先之」、『全集』詩集巻二十八）

王十朋の推薦文は『梅渓集』には伝わらないが、万庚の才を韓愈・揚雄に譬えてその死を哭す詩が収録されており、『両浙名賢録』の記述と合致する。

注釈者の中でもう一人、王十朋からの推薦を受けた人物が確認できる。丁康臣（字は道済）は浙江永嘉の出身で、王十朋が知泉州の時、恵安県知事であった。その政務手腕は王十朋から高く評価されており、王十朋は推薦状において、彼が泉州七県の中でも最も優秀だと褒め称えている。直接本人に向けられた賛辞である点は考慮しなければならないが、同郷人に対する親しみが、政務上の関係にも好影響を与えたことは間違いないだろう。

某假守溫陵、獲觀七邑之政、治行可稱者三四人、然未有出惠安之右者。

某温陵を仮守し、七邑の政を観るを獲《う》、治行称すべきは三四人、然るに未だ恵安の右に出づる者有らず。

（「送丁恵安」自注、『全集』詩集巻二十八）

したがって、中央から人員の推薦を求められた際、王十朋はその一人に丁康臣を挙げている。

左奉議郎新監登聞鼓院丁康臣、嘗知處州青田、泉州惠安二縣、獄訟詳明、民無冤訴、催科不擾、辦居衆先、付以繁難、必可倚杖。

左奉議郎新監登聞鼓院丁康臣、嘗て処州青田、泉州恵安二県に知たり、獄訟 詳明にして、民冤訴する無し、催科して擾せず、弁は衆の先に居れり、付すに繁難を以てせば、必ず倚杖すべし。

（「応詔挙官状」、『全集』文集巻四）

ここで王十朋は丁康臣の判決の的確さや、徴税に際して不満が上がらないことから、その事務処理能力の高さを賞賛する。もちろん丁康臣自身の能力あってこその推薦であろうが、同郷人であることが推薦を後押ししたことは容易に想像できる。

こうした推薦活動に鑑みるに、地元から出現した状元という存在は、単に憧憬や賞賛の対象であっただけでなく、中央との繋がりを有し、実利をもたらしてくれる存在であったことがわかる。温州人にとっての「王状元」とは、科挙での成功を体現した人物であるばかりでなく、温州と中央とのパイプ役をも期待される人物であったのである。

五　泉州赴任期における王十朋と注釈者の交流

ここまで、王文誥の分類に従って、王十朋と王状元本注釈者との関係を見てきたが、交友関係について、さらに考慮すべきことがある。それは、彼らとの交流の時期である。時期に着目すると、王十朋と注釈者の関係は、彼の知泉州赴任期（乾道四～六年〔一一六八～七〇〕）の交友関係にまで及んでいることがわかる。乾道七年には王十朋が死去しているので、これはまさしく最晩年の交友関係である。本節では、王十朋の福建泉州赴任期の交友関係を整理することから、(G)「南渡理学閩支大宗」（朱子学関係者）、王十朋と朱子学者との関係を考える手がかりとしたい。

　王十朋は州知事として泉州に赴任しており、この時期の交友は公人としての性格が強く、公務の延長線上にあったと考えられる。例えば、**陳知柔**に和した詩では、「共に朝廷へ帰って恵みの雨を祝賀しよう、我々の忠言は主君の知るところとなるであろう」と詠う。

相將歸賀天朝雨　　相将《ひき》ゐて帰り賀さん　天朝の雨
定有忠言結主知　　定めて有るべし　忠言　主の知るを結ぶを

（王十朋「夏四月不雨、守臣不職之罪也。将有請於神、雨忽大作、陳賀州有詩賛喜、次韻以酬」、『全集』詩集巻二十六）

同様に、**蒋雝**（字は元粛、興化軍仙遊の人）に贈った詩も降雨を喜ぶものであるが、「蒋先生は書斎におられながら、憂国の思いは太守を奉じる私と何ら変わらない」と言い、公務を強く意識した交流が展開されている。

廣文先生(13)坐絳帳　　広文先生　絳帳に坐すも
憂國心與黃堂同　　憂国の心は黄堂と同じくす

（王十朋「次韻蒋教授喜雨」、『全集』詩集巻二十六）

また、王十朋が知泉州期に携わった公務の一つとして、貢院、解試の試験場の建築（修築あるいは増築か）がある。この指揮を執ったのが、陳孔光（字は徳溥、福州長楽の人）と葉飛卿（未詳、官は県丞）という注釈者である。

節推陳徳溥董貢院之役、既成、畫圖見示、因作是詩。
節推陳徳溥 貢院の役を董《ただ》す、既に成り、画図もて示さるる、因りて是の詩を作る。
（王十朋「貢院図」題注、『全集』詩集巻二十七）

千間廣廈能宣力　　千間の広廈 能く力を宣ぶ
何止區區不負丞　　何ぞ区区として丞を負ふに止まらん
〔自注〕貢院之役、飛卿與陳節推董之。
貢院の役、飛卿と陳節推 之を董す。
（王十朋「得葉飛卿書因寄貢院碑」、『全集』詩集巻二十九）

王十朋はこの貢院に多数の桂の木を植え、万桂堂と名付けた（「万桂堂」詩及び「臨行至貢院観桂、贈致約」詩、『全集』詩集巻二十九）。彼の知泉州赴任期の大きな業績の一つと言えよう。

このように、泉州での注釈者との交友関係は、当然ながら知事としての公務に基づいて構築されている。では、泉州赴任が「王状元」の評価形成に与えた意義とはいかなるものであったのだろうか。

六　朱熹による王十朋評価とその継承

小島毅氏は、泉州を中心とした福建南部において、最初期の朱子学普及がなされた過程について考察しているが、[14]王十朋に対する泉州赴任期の評価の重要性もまた、朱子学の継承と関係する。すなわち、朱熹（一一三〇～一二〇〇）自身が王十朋に対して、高い評価を与えており、その後、朱熹による評価を媒介とした王十朋賞揚が、朱子学の根拠地である福建という地域に起こるからである。

朱熹と王十朋の直接的な接点は、朱熹の文章中に二つを求めることができる。一つは『梅渓集』の序文、もう一つは王十朋宛ての書簡である。まず、王十朋『梅渓集』序文は、劉珙（字は共甫、建寧府崇安の人）の代わりに、朱熹が撰したものである。その文頭では、君子と小人の特徴を論じ、君子の例として、諸葛亮・杜甫・顔真卿・韓愈・范仲淹の五名を挙げた後、今の人物では王十朋こそがその君子に該当すると賞賛する。

此五君子、其所遭不同、所立亦異、然其心則皆所謂光明正大、疎暢洞達、磊磊落落、而不可揜者也。其見於功業文章、下至字畫之微、蓋可以望之而得其爲人。求之今人、則於太子詹事王公龜齡、其亦庶幾乎此者矣。

此の五君子（諸葛亮・杜甫・顔真卿・韓愈・范仲淹）、其の遭ふ所同じからず、立つ所も亦た異なれり、然るに其の心は則ち皆所謂《いはゆる》光明正大、疎暢洞達、磊磊落落にして、揜《おほ》ふべからざる者なり。其れ功業を文章に見るに、下は字画の微に至るまで、蓋し之を望むを以て其の人と為《な》りを得べけん。之を今人に求むれば、則ち太子詹事王公亀齢に於て、其れ亦た此に庶幾《ちか》き者ならんか。

（朱熹「宋梅渓王忠文公文集序」、『晦庵先生朱文公文集』巻七十五）

そしてもう一つは、朱熹が三十八歳の時（乾道三年〔一一六七〕）に王十朋に寄せた書簡である。(15)

當是時、聽於士大夫之論、聽於輿人走卒之言、下至於閭閻市里、女婦兒童之聚、亦莫不曰天下之望、今有王公也。已而得其爲進士時所奉大對讀之、已而得其在館閣時上奏事讀之、已而得其爲柱史、在臺諫、遷侍郎時所論諫事讀之、已而又得其爲故大丞相魏國公之誄文及楚東酬唱等詩讀之、觀其立言措意、上自奏對陳說、下逮燕笑從容、蓋無一言一字不出於天理人倫之大、而世俗所謂利害得喪、榮辱死生之變、一無所入於其中、讀之眞能使人胸中浩然、鄙吝消落、誠不自意克頑廉懦立之效、乃於吾身見之。

是の時に当たり、士大夫の論を聴き、輿人走卒の言を聴くに、下は閭閻市里、女婦児童の聚に至るまで、亦た天下の望と曰はざる莫《な》きは、今王公有るなり。已に其の進士と為る時に奉じる所の大対を得て之を読み、已に其の館閣に在る時の上奏事を得て之を読み、已に其の柱史為る、台諫に在る、侍郎に遷る時の論じる所の諫事を得て之を読み、已に又其の故大丞相魏国公の為の誄文及び楚東酬唱等の詩を得て之を読み、其の立言措意を観れば、上は奏対陳説自《よ》り、下は燕笑従容に逮《およ》ぶまで、蓋し一言一字として天理人倫の大に出でざるは無く、世俗の所謂利害得喪、栄辱死生の変、一として其の中に入る所無し、之を読まば真に能く人をして胸中浩然、鄙吝消落せしめ、誠に自ら意せずして頑廉懦立の效を克《よ》くす、乃ち吾身に於て之を見《あらは》す。

（朱熹「与王亀齢」、『晦庵先生朱文公文集』巻三十七）

朱熹はここで、「天下の望」が王十朋の一身にあるという常套の褒辞のみならず、王十朋の著作を逐一列挙し、しかもその全てを拝読したと述べた上で、その文章には「頑廉懦立」[16]の力があると讃える。いずれも王十朋自身にかかる文章における褒辞であるから、額面通りに受け取ることはできないが、特に後者の書簡において、科挙の答案や張浚の誄文、楚東唱酬詩が挙げられる点は、本章で考察した「王状元」への評価と合致するものである。

さらに、忌憚のない意見の表明においても、朱熹は王十朋を評価すべき人物として捉えていた。

王龜齡學也粗疏。只是他天姿高、意思誠愨、表裏如一、所至州郡上下皆風動、而今難得此等人。
王亀齢の学は粗疏たり。只だ是れ他《かれ》の天姿高く、意思誠愨にして、表裏一の如く、至る所の州郡 上下皆風動す、而今 此の等《たぐひ》の人得難きなり。
（『朱子語類』巻百三十二）

朱熹は、王十朋の学問は粗忽であると断じつつも、本来備わっている人格が高く、生真面目で裏表のない性格のために、結局は州民を感化させ得るのであると言う。ここでは、その感化の対象を「州郡上下」と言うように、朱熹が王十朋の地方官としての資質を高く評価していることがわかる。

こうした朱熹の評価を媒介として、その後の福建人士の文章に、王十朋賞揚が見られるようになる。

慶元中、某竊第來歸、鄉之儒先楊君明遠出一編曰『南遊集』以示某曰、「此永嘉詹事王公之所作也。」某時尚少、未悉公行事本末、然嘗誦晦庵先生所爲「梅溪集序」、則已知公爲一代正人矣。及得此編、益加郷慕、宦游二十載、率齎以自随、若「讌邑宰」與「中和」「安静堂」等詩、口之熟焉。嘉定丁丑、蒙恩假守、獲繼公躅於四十七年之後。邦人父老語及公者、必感激涕零、蕘夫牧兒亦知有所謂王侍郎也。

慶元中、某竊《ひそ》かに第《しばら》く来帰す、郷の儒先　楊君明遠　一編『南遊集』と曰ふを出して以て某に示して曰く、「此れ永嘉の詹事王公の作《な》す所なり」と。某時に尚ほ少《わか》し、未だ公の行事本末を悉《つまびら》かにせず、然るに嘗て晦庵先生為す所の「梅渓集序」を誦す、則ち已に公の一代の正人為るを知る。此の編を得るに及び、益《ます》ます郷慕を加ふ、宦游二十載、率《おほむ》ね齎《もたら》して以て自随す、「讌邑宰」と「中和」「安静堂」等の詩の如きは、口の焉《これ》を熟せるなり。嘉定丁丑（一二一七）、恩を蒙り守を仮り、公の躅を四十七年の後に継ぐを獲る。邦人父老語りて公に及ぶ者は、必ず感激涕零す、蕘夫牧児も亦た所謂《いはゆる》王侍郎有るを知るなり。

（真徳秀「跋梅渓続集」、『西山先生真文忠公文集』巻三十四）

真徳秀（一一七八～一二三五、字は景元、号は西山、建寧府浦城の人）は、中央官界において朱子学の政治理念の確立に努めた朱子学者であるが、嘉定十年（一二一七）、知泉州在任中に王十朋の『梅渓続集』を刊行し、跋を寄せている。ここで真徳秀が語る王十朋受容には、二つの側面を認めることができる。一つは、朱熹の『梅渓集』序を通して王十朋を知っていた、つまり朱熹を媒介として王十朋という人物を認識していることであり、もう一つは、「公の躅を四十七年の後に継ぐ」と言うように、知泉州の先任者として敬意を払っていることである。

王十朋は張浚失脚（符離の敗戦）に連座する形で饒州に転じた後、夔州、湖州の知事を歴任し、泉州に至っているが、泉州のように偉大なる先任者として王十朋を賞揚する評価は、他の州に多くは見られない、福建独自のものである。朱熹・黄榦に師事し、真徳秀とも親しく交わった陳宓（一一七一～一二三〇、字は師復、号は復斎、興化軍莆田の人）は、王十朋の事跡を、中央官界での功績と泉州での善政を対にして賞賛する。

先生之道、得天之全。氣剛以和、如四時然。功在王室、惠留於泉。

先生の道、天の全きを得たり。気剛にして以て和し、四時の如く然り。功は王室に在り、恵は泉に留む。

（陳宓「賛梅渓王先生像」、『復斎先生龍図陳公文集』巻八）

あるいは、真徳秀に師事した王邁（一一八五～一二四八、字は実之、号は臞軒、福州仙遊の人）もまた、知泉州として善政を敷いた「二千石の良」として、王十朋の名を挙げる。

後五十載何人、稱二千石之良。惟梅溪之王公、與苕州之倪老。(17)

後の五十載何人か、二千石の良を称さん。惟《た》だ梅渓の王公と、苕州の倪老とあるのみ。

（王邁「黄侍郎再知泉州啓」、『臞軒集』巻八）

さらに、真徳秀に師事した劉克荘（一一八七～一二六九、字は潜夫、号は後村、莆田の人）に至ると、王十朋と真徳秀を、泉州に赴任した先賢として併称するようになる。

先賢遠矣、淸如梅溪、仁如西山、非閤下其誰。

先賢遠からんや、清は梅渓の如く、仁は西山の如きは、閣下に非ざれば其れ誰ならん。
（劉克荘「与泉守呉刑部書」、『後村先生大全集』巻百三十二）

付言すれば、王邁や劉克荘の王十朋評価は第三者へ宛てた書簡におけるものであり、その評価にある程度の客観性が確立していなければ成立しないものである。ここには、朱子学が継承・発展する過程で、王十朋の泉州赴任に高い評価が与えられ、定着していく様相が確認できる。「王状元」に与えられた評価について、王状元本が刊行された福建という地域に着目したとき、まず王十朋が泉州に赴任して善政を敷いたという事実があり、そしてその泉州を中心に朱子学が普及した際に、朱熹の王十朋評価を、真徳秀を中心とする福建人士が継承することにより、知泉州の偉大な前任者という評価が形成されたという図式を見て取ることができる。「王状元」が書名の冠辞として採用された背景に、この福建独自の王十朋評価が強く影響していると考えられるのである。

七　「王状元」の価値と王状元本の編集者

以上、王十朋と王状元本注釈者の関係から、「王状元」が有する付加価値、王十朋評価について考察を加えた。総括すれば、「王状元」が表す王十朋評価は、三層の構造から成っていると言えよう。最も下の基層は、「状元」そのものに対する評価、科挙システムの中での成功者、そして縁者にとっての中央とのパイプ役という評価である。

第二層は、王十朋その人の状元登第における経歴を踏まえた評価である。状元登第を果たす以前の王十朋は、名族の一員ではなく、家塾の教師という下積みの時期を経て成功した人物であり、科挙での成功の典型例という評価が与えられよう。加えて、その状元登第の背景には、秦檜専制崩壊後の革新の気運があり、それに乗じた張浚に認められることで、反秦檜、対金朝積極派の一員としての評価も与えられたのである。第二層だけでも、当時の出版界において喧伝に用いるには十分な評価であると言える。

そして第三層は、王状元本が刊行された福建という地域に限定的な王十朋評価である。泉州こそは、王十朋が最後の官を務めた場所であり、また最初期の朱子学が地域の文人によって普及していった場所である。この地において、朱熹に高く評価され、泉州に赴任した先賢という評価が「王状元」に加えられたと考えられる。

現代の我々にとっては、ただの書誌情報に過ぎない「王状元集注」という冠辞は、それが出現した南宋当時、とりわけ福建においては、かくのごとく絶大な現実的価値を有していたのである。

ただし、この諸家の注釈が真贋いずれであったにせよ、その編集作業は容易なものではなかったであろう。困難な作業を厭わず、「王状元」にあやかろうとした該書の編集者は、状元の偉大さをよく知る中間層文人（科挙周縁層）であったと考えられる。創作主体移行の過渡期である南宋期の中間層文人は、このように官僚文人層に強く依存し、科挙を志向する価値観のなかで書物の編集・出版を行っていたのである。

注

（1）金文京「南戯中的婚変故事和南宋状元文化」（山西師範大学戯曲文物研究所『中華戯曲』第二十七輯、二〇〇二年）。

（2）西野貞治「東坡詩王状元集注本について」（大阪市立大学文学部『人文研究』第十五巻第六号、一九六四年）は、王状元本における先行注釈書の剽窃を指摘した上で、編集者王十朋の仮託説を唱える。劉尚栄「『百家注分類東坡詩集』考」（『蘇軾著作版本論叢』、巴蜀書社、一九八八年）及び王友勝「関于蘇詩歴史接受的幾箇問題」（『文学評論』、人民文学出版社、二〇〇二年第六期）は、両者ともに王十朋自身の編集を主張するものの、最終的な編集・刊行が別人の手によるものであることを認めている。つまり、編集者王十朋の真偽にかかわらず、王十朋の名を書名に冠したことに喧伝性が認められ、もって王十朋の同時代評価の一端とすることが可能なのである。

（3）最も古いとされる版は、建安黄善夫家塾本であり、その後宋元を通じて、建安魏仲卿家塾本、建安万巻堂家塾本、建安虞平斎務本書堂刊本が刊行され、他にも金刻本、廬陵坊刻本が現存する。

（4）李貞慧「『百家注分類東坡詩』評価之再商榷——以王文誥注家分類説為中心的討論——」（台湾大学文学院『台大文史哲学報』第六十三期、二〇〇五年）。ただし李貞慧氏の論考は、その人物が注釈者として挙名される妥当性について論じた部分と、王十朋との交友者が注釈者に多いことを、王十朋編集者肯定説の裏付けとして用いる部分で構成されており、本書の、同時代の王十朋評価を考察するという姿勢とは角度を異にするものである。

（5）参考までに概数を記せば、先行注釈書「十注本」の注釈者十名を除いた八十六名のうち、三十名ほどが江西詩派を含む蘇軾・黄庭堅の縁者であり、五十五名前後が本章で扱う南宋期の注釈者である。李貞慧氏の指摘にもあるが、そのうち、王十朋との交流以外はほとんど事跡が明らかでない人物は、三十七名を数える。

（6）秦檜専制については寺地遵『南宋初期政治史研究』（渓水社、一九八八年）及び沈松勤『南宋文人与党争』（北京人民出版社、二〇〇五年）を参照。反対者への弾劾による追放、言論弾圧が秦檜専制の特色とされている。

（7）『宋史』巻三百八十七、王十朋伝に「秦檜久塞言路、至是十朋與馮方・胡憲・査籥・李浩相繼論事、太學生爲五賢詩述其事（秦檜 久しく言路を塞ぐ、是に至りて十朋 馮方・胡憲・査籥・李浩と相継いで事を論ず、太学生 五賢詩を為りて其の事を述ぶ）」とある。

（8）本書第一章を参照。

（9）「仲舒」は、唐徳宗朝で礼部侍郎にあり、論著を善くした李紓を指すか。『旧唐書』巻百三十七、李紓伝。

（10）『史記』司馬相如伝の「文君夜亡奔相如、相如乃與馳歸成都、家居徒四壁立（文君 夜相如に亡奔す、相如乃ち与《とも》に馳せて成都に帰る、家居徒《た》だ四壁の立つのみ）」を踏まえる。

（11）ここでの「書会」が家塾の類を指すことは、注（1）前掲金文京論文に考証がある。

（12）この「困窮から状元登第」という成功像は、例えば、戯曲「荊釵記」の主人公である王十朋像にも反映されている。題の「荊釵」は、貧困のために結納品が贈れない王十朋が、結婚相手の銭玉蓮に贈った苦心の品物を指す。

(13) 「廣文先生」は官学の教授を指す。杜甫「酔時歌」(『杜詩詳註』巻三) の「廣文先生官獨冷 (広文先生　官独り冷やかなり)」を踏まえる。
(14) 小島毅「福建南部の名族と朱子学の普及」(『宋代の知識人』、宋代史研究会研究報告集第四集、汲古書院、一九九三年)。
(15) 書簡の編年は、陳来『朱子書信編年考証』(増訂本、三聯書店、二〇〇七年) に拠った。
(16) 「頑廉懦立」は、『孟子』万章下の「故聞伯夷之風者、頑夫廉、懦夫有立志 (故に伯夷の風を聞く者、頑夫も廉たり、懦夫も志を立つる有り)」を踏まえる。
(17) 「苕州之倪老」は倪思 (字は正甫、湖州帰安の人) を指す。嘉泰元年 (一二〇一) に知泉州となる。

下篇　陸游の四川体験と『剣南詩稿』の刊刻

第四章　陸游と四川人士の交流──范成大の成都赴任と関連して──

一　陸游と四川

その詩集を『剣南詩稿』(1)と題することからもわかるように、南宋の文人陸游は、四十七歳から五十四歳の間に寄寓した四川という地に対して強い慕情を抱いていた。そのことは、長子・陸子虡による跋文（嘉定十三年〔一二二〇〕、江州にて）にも記されている通りである。

嘗爲子虡等言、「蜀風俗厚、古今類多名人、苟居之、後世子孫宜有興者。」宿留殆十載。戊戌春正月、孝宗念其久外、趣召東下、然心固未嘗一日忘蜀也。其形於歌詩、蓋可考矣。是以題其平生所爲詩卷曰『劍南詩稿』、以見其志焉、蓋不獨謂蜀道所賦詩也。

嘗て子虡等の為に言へらく、「蜀風は俗厚く、古今に類《おほむ》ね名人多し、苟《いやし》くも之に居らば、後世の子孫 宜しく興る者有るべし」と。宿留すること殆ど十載たり。戊戌（淳熙五年、一一七八）春正月、孝宗 其の久しく外にあるを念《おも》ひ、趣召して東下せしむ。然るに心は固《もと》より未だ嘗て一日として蜀を忘れざるなり。其れ歌詩に形《あらは》るれば、蓋し考ふべし。是を以て其の平生為《つく》る所の詩巻に題して『剣南詩稿』と曰ひ、以て其の志を見《あらは》す、蓋し独《た》だ蜀道に賦する所の詩を謂ふのみにあらざるなり。

（陸子虡「剣南詩稿序」）

「一日として蜀を忘れざるなり」という陸子虡の言は、『剣南詩稿』に収められる「思蜀」「憶蜀」「夢蜀」と題された詩からも裏付けられる。詩人・陸游にとっての四川寄寓時期の重要性については、つとに清の趙翼の指摘があるが[2]、陸游が何故これほどまでに強く四川、蜀という地域に惹きつけられたのかという根本的な原因については、未だ十分に議論が尽くされていないように思われる。

ところで、陸游の四川を懐かしむ詩歌には、在地文人との交流がしばしば詠み込まれている。例えば「思蜀」詩（三首の二、『剣南詩稿』巻三十八）には、「吏部」宇文紹奕（字は袞臣、成都の人）と「成州」宇文子震（字は子友、成都の人、隆興元年（一一六三）進士）という二人を、錦城、すなわち成都において飲酒し、詩作を競った友人として懐かしんでいる。

二十年前客錦城　　二十年前　錦城に客たり
酒徒詩社盡豪英　　酒徒　詩社　尽く豪英
才名吏部傾朝野　　才名　吏部　朝野を傾け

意氣成州共死生　　意気　成州　死生を共にす

〔自注〕吏部郎中宇文紹奕袞臣、成州守宇文子震子友。

こうした陸游と四川人士との交流は、例えば于北山『陸游年譜』[3]において整理されているが、それは陸游の詩作に如何なる影響を与え、彼の四川寄寓時期において如何なる意味を持つものであったのだろうか。

本章では、陸游と最も親交の深かった四川人士、張縯《ちょうえん》（?～一二〇七、字は季長、蜀州江源の人）を例として、[4]陸游と四川人士の交流の様相を探り、陸游の四川という地域に対する慕情の根源について考察する。また、淳熙二年（一一七五）に四川制置使兼知成都府として赴任してきた范成大の存在や南宋の出版文化にも着目しながら、陸游と四川人士の交流が持つ意義について考察するものである。

二　陸游と張縯の交流

慶元五年（一一九九）の秋、故郷山陰に閑居していた陸游は、旧友である張縯への返信に詩を寄せている。

野人蓬戸冷如霜　　野人の蓬戸　冷やかなること霜の如く
問訊今惟一季長　　問訊するは　今惟だ一季長（張縯）のみ
舊好自均親骨肉　　旧好　自ら均《ひと》し　骨肉の親しきに

新知何怪薄心腸
開書字字論疇昔
遣使年年有故常
萬念知公掃除盡
見哀底事獨難忘

新知　何ぞ怪しまん　心腸の薄きを
書を開けば　字字　疇昔を論じ
使を遣《つか》はさば　年年　故常なる有り
万念　公を知りて掃除し尽くすも
哀れまるるは底事《なにごと》ぞ独り忘れ難し

（陸游「次季長韻回寄」、『剣南詩稿』巻四十）

無位無官のあばら屋は霜が下りたかのように冷え込み、こうして安否を問うてくれるのも張季長くらいのもの。古くからのつきあいである君とはもう肉親のようなもので、日の浅い知り合いに薄情なのも仕方のないことだ。手紙を開けば、あの頃のことがびっしり記してあり、使者の往来も毎年恒例のことである。すべての俗念は、貴公を知ってすっかり払いつくされたが、ご愛顧を蒙ったことだけは忘れることができない。

陸游は故郷に帰った後も、張縯とは使者そして書簡を介して交流を続けていた。この時、陸游は七十五歳、八年後の開禧三年（一二〇七）、張縯の逝去をもってこの交流は途絶えることとなるが[5]、それは陸游にとって、彼と四川をつなぐ最後の糸が断たれたことを意味した。「独坐」詩（『剣南詩稿』巻七十九）の「八千里外寄書稀（八千里外　書を寄するは稀なり）」句の自注に「自張季長下世、蜀中書問幾絶（張季長の世を下りて自り、蜀中の書問幾ど絶ゆ）」と述べる通りである。

二人の交友は、乾道八年（一一七二）、南鄭（陝西省南鄭）において、四川宣撫使王炎の幕下に同僚として出会ったことに始まる。この時期の交遊を詠う陸游「次韻張季長題龍洞」詩（『剣南詩稿』巻三）は、集団での遊覧の場における詩作であり、張縯個人との交流について特筆すべき言及があるわけではない。後に陸游が撰した張縯の祭文に、同僚となった二人が意気投合した経緯が確認される。

邂逅南鄭、異體同心。有善相勉、闕遺相箴。公醉巴歌、我病越吟。
南鄭に邂逅して、異体同心たり。善く相勉《つと》むる有り、相箴《いま》しむるを遺《わす》るる闕《な》し。公は巴歌に酔ひ、我は越吟に病む。
（陸游「祭張季長大卿文」、『渭南文集』巻四十一）

しかし、南鄭での交流はごく短期間のものであった。同年九月に王炎は都に召還され、陸游は成都府安撫司参議官として成都に赴く。張縯は秘書省正字となるが、任命が乾道九年（一一七三）九月、翌年（淳熙元年）十一月に母朱氏の喪に服していることから考えれば、杭州臨安に赴任していたのはごく短期間であったと推測される(6)。

二人の対面が最後に確認できるのは、淳熙四年（一一七七）冬、広都（四川省双流）においてである。

天上石渠郎　　天上の石渠郎
能來伴楚狂　　能く来たりて楚狂に伴ふ

風雪朝竝轡　風雪　朝に轡を並べ
燈火夜連床　灯火　夜に床を連ぬ
江水不勝緑　江水　緑に勝《た》へず
梅花無頼香　梅花　無頼に香る
劇談那得住　劇談　那《なん》ぞ住《とど》まるを得ん
出處要平章　出処は平章するを要す

（陸游「広都道中呈季長」、『剣南詩稿』巻九）

「天上の石渠郎」張縯と「楚狂」陸游との交わりは、昼夜を分かたず激しく論を戦わすというものであった。明けて淳煕五年（一一七八）の春、前述の陸子虡の跋文に言うように、蜀での詩作が孝宗の目に留まったことによって東帰が許され、陸游は四川を後にする。二人が直接の交遊を持つことができた期間は、決して長くはなかったが、その後書簡のやりとりによる交流が三十数年も続く。まさしく、二人は「異体同心」の親友であった。

三　「放翁」の号と四川人士

陸游がその号「放翁」を用いるようになったのは、四川寄寓時期である。その経緯は、陸游のこの時期における挫折感を象徴的に示している。

まず、「放翁」と号した経緯を最も簡潔に記している史料は、『宋史』陸游伝である。

范成大帥蜀、游爲參議官、以文字交、不拘禮法、人譏其頽放、因自號放翁。

范成大 蜀に帥たり、游 参議官為り、文字を以て交《まじ》はり、礼法に拘《かか》はらず、人 其の頽放なるを譏《そし》れり、因りて自ら放翁と号す。

四川制置使兼知成都府、四川四路の軍事責任者と成都府の知事を兼ねるという肩書きで、上司として成都に赴任してきた范成大（一一二六～九三、字は至能、号は石湖、浙江省呉県の人）に対し、陸游は上下の関係を度外視して、文人同士として文学をもって交わった。その「頽放」な態度を譏られたのが「放翁」と号した由来であると『宋史』は説明する。[7] 非難の対象となった「頽放」なる態度は、『宋会要輯稿』（職官七十二の十、黜降官九十五）にも見える。

九月新知楚州胡與可・新知嘉州陸游竝罷新命。以臣僚言「與可罷黜累月、舊愆未贖。游攝嘉州、燕飲頽放」故也。

（淳熙三年）九月新知楚州胡与可・新知嘉州陸游並びに新命を罷む。臣僚の「与可 罷黜すること月を累《かさ》ね、旧愆未だ贖《あがな》はず。游 嘉州に攝たるに、燕飲頽放せり」と言ふを以ての故なり。

淳熙三年（一一七六）九月、陸游は知嘉州（四川省楽山）に任命されるはずであったが、以前、知嘉州の代理を務めていた際に「燕飲頽放」であった、という弾劾を受け、任命を取り消されている。ここで『宋史』と『宋会要輯稿』での、陸游が非難されるまでの経緯はそれぞれ異なるものの、[8]非難の対象となった態度は共に「(燕飲)頽放」、酒に溺れた、だらしなく勝手な振る舞いである。こうした態度は、従来、理想と現実の間での挫折に起因するものであるとされてきた。[9]確かに、金との最前線である南鄭から成都への異動が、陸游にある種の挫折感をもたらしたことは否めない。[10]しかし、筆者がここで指摘したいのは、そもそも「燕飲」とは交遊の一態であり、交流無くして成立しないものであるということである。実際、非難の対象となった「燕飲頽放」に類する振る舞いは、陸游詩においても、とりわけ四川人士との交遊を詠う詩において確認できる。

對牀得晤語　牀を対して晤語するを得
傾倒夜達晨　傾倒して夜より晨に達せんとす
亟起忘縛袴　亟《しばしば》起ちて袴《はかま》を縛るを忘れ
小酔或墮巾　小酔して或いは巾を墮とす

（陸游「別後寄季長」、『剣南詩稿』巻九）

陸游は、張縯と夜を徹して語り合い酒を酌み交わし、はかまの帯を結ぶのも忘れるほど議論に熱中し、酔いに任せて頭巾を落としてしまう。こうした振る舞いは、「異体同心」の友人である張縯を前にしてのものである。また、成都にて知遇を得た譚季壬（字徳称）に対しても、

欲尋西郊路　　西郊の路を尋ねんと欲し
斗酒傾意氣　　斗酒　意気を傾く
浩歌君和我　　浩歌　君　我に和し
勿作尋常醉　　尋常の酔を作《な》す勿れ

（陸游「喜譚徳称帰」、『剣南詩稿』巻六）

と詠うように、ここで陸游は、成都の西郊に遊び、勢い込んで一斗もの酒を飲み干して、一緒に大声で歌ってべろべろに酔おうではないか、と譚季壬に誘いかける。あるいは、前掲「思蜀」詩にて宇文紹奕と宇文子震との交遊を回想する中でも、

二十年前客錦城　　二十年前　錦城に客たり
酒徒詩社盡豪英　　酒徒　詩社　尽く豪英

と、四川人士を「酒徒」(11)「詩社」、酒飲みと歌詠みの仲間であると表現している。『宋史』陸游伝の「文字を以て交はり、礼法に拘はらず」という描写は、陸游と范成大の交遊を指したものであるが、陸游と四川人士との交遊も同様に文学の交わりであり、そして、それはしばしば酔いに任せた放埒なものであった。

醉客千言猶落筆　　酔客　千言　猶《な》ほ落筆するがごとく

美人斗酒未酡顔　　美人　斗酒　未だ酡顔ならず
憑誰喚住譚夫子　　誰に憑《よ》りてか譚夫子を喚《よ》び住《とど》め
更與徘徊水石間　　更に与《とも》に水石の間を徘徊せん

（陸游「青城県会飲何氏池亭、贈譚徳称」、『剣南詩稿』巻八）

銭仲聯氏の繫年に拠れば、この詩は淳熙四年（一一七七）六月、范成大が江南に帰るのを送別する道中、青城での作である。ここでも「千言」と「斗酒」、文学と酒とが対句に用いられており、陸游と范成大、そして四川人士との交遊が一体のものであることが確認できる。

こうした交遊が、酒の力も手伝った放埒さを多分に含むものであったことは、送別される范成大が四川人士に向かって、

凄涼別知賦　　凄涼たり「知に別るるの賦」
慷慨結客行　　慷慨す「客と結ぶの行」

（范成大「既離成都、故人送者遠至漢嘉分袂、其尤遠而相及於峨眉之上者六人、范季申・郭中行・楊商卿・嗣勛・李良仲・譚徳称、口占此詩留別」、『范石湖集』巻十八）(12)

と詠っていることからも推察される。「別知賦」は韓愈の同題の賦（『朱文公校昌黎先生集』巻一）を、「結客行」は楽府題である「結客少年場行」（『楽府詩集』巻六十六）をそれぞれ踏まえる。范成大はここで、友人との別れを

詠う賦と、侠客を題材とする楽府をもって四川人士との別れを描写しており、范成大は四川人士を酒を好む武張った侠客のようである、と捉えていたことがわかる。陸游と范成大、四川人士の交流を一つの環として捉えたとき、非難の対象となった陸游の「燕飲頽放」という態度は、実際には、四川人士との交友において展開されたものであることが確認できる。そして、范成大が侠客に譬えたその気風を共有したことが、陸游と四川人士との共感に直結したのである。陸游の四川という地域に対する慕情には、こうした四川人士との共感がその根底にあったのである。

四　范成大の成都赴任

陸游と四川人士の交流を考える際、陸游の上司として赴任してきた范成大の存在は、無視することのできない重要な位置を占める。(13)前節で取り上げた「放翁」という陸游の号が初めて詩に詠まれるのも、次に示す范成大との唱和詩においてである。

策策桐飄已半空　　策策と桐飄《ひるがへ》りて　已に半ば空しく
啼螿漸覺近房櫳　　啼螿漸《ようや》く覚ゆ　房櫳に近きを
一生不作牛衣泣　　一生作《な》さず　牛衣の泣
萬事從渠馬耳風　　万事渠《かれ》に従ふ　馬耳の風

名姓已甘黄紙外　　名姓　已に甘んず　黄紙の外
光陰全付緑尊中　　光陰　全く付す　緑尊の中
門前剝啄誰相覓　　門前の剝啄　誰か相覓《もと》む
賀我今年號放翁　　我の今年放翁と号せるを賀するなり

（陸游「和范待制秋興」三首の一、『剣南詩稿』巻七）

首聯ではカサカサと風に鳴る桐の葉、部屋の近くで啼くひぐらしの声から秋の深まっていく様子を詠う。三句目「牛衣の泣」は、『漢書』王章伝に典拠を持つ[14]。ここでは弾劾の後に祠録を拝領したことを指して、「祠録をいただいたお陰で、漢の王章のように貧困に泣くこともない」という[15]。四句目「馬耳の風」は弾劾に対していちいち心を動かすまい、という陸游の意志表明である。頸聯では、自らの姓名が任官の辞令に載らないことにも構わず、これからの時間をずっと酒樽と共に過ごそう、という。六句目の「緑尊」が弾劾理由の「燕飲」に、八句目の「放翁」が「頽放」に対応していることに注意したい。

范成大への唱和詩において、陸游は弾劾に対する諧謔を交えた感懐を吐露している[16]。ここからは、范成大が、陸游の受けた弾劾という挫折に対して同情的であったことが見て取れる[17]。

范成大は淳熙元年（一一七四）十二月、知静江府（桂林）兼広西経略安撫使から四川制置使兼知成都府に転任し、翌淳熙二年六月、成都府に着任した。淳熙四年（一一七七）五月、任を離れ東帰の途につくまで約二年半、西方の異民族・青羌の侵攻を撃退し、四川の酒賦を減税するなどの功績があった。

ところで、隆興元年（一一六三）の符離の敗戦から翌隆興二年の和議成立を受けての孝宗治世下の乾道・淳熙年間は、対金政策における主和派が、国内整備・内政充実を最重要課題として掲げたことに対し、主戦派も後日の出兵を期しつつ、当面の内政重視路線に同調した時期であった。[18] 主戦・主和の立場を越えて、有力指導者層が内政に専心すべきとの認識を共有していたこの時期は、南宋朝の最盛期として位置づけられる。

こうした政策の意向がもたらした小康状態は、人々の心に余裕をもたらした。最高統治者として成都に赴任してきた范成大は、彼の地にて高名な文人として熱烈な歓迎を受けたのである。

幕府益無事、公時從其屬及四方之賓客飮酒賦詩。公素以詩名一代、故落紙墨未及燥、士女萬人、已更傳誦、被之樂府弦歌、或題寫素屏團扇、更相贈遺、蓋自蜀置帥守以來未有也。

幕府 益《ます》ます事無く、公 時に其の属及び四方の賓客を従へ酒を飲み詩を賦す。公 素より詩を以て一代に名あり、故に紙に墨を落として未だ燥《かわ》くに及ばざるに、士女万人、已に更《こも》ごも伝誦し、之を楽府弦歌に被《かうむ》らしめ、或いは素屏団扇に題写し、更《こも》ごも相贈遺す、蓋し蜀の帥守を置く自《よ》り以来未だ有らざるなり。

（陸游「范待制詩集序」、『渭南文集』巻十四）

この序では、范成大が四川統治にその手腕を存分に発揮し、安寧を享受した成都において、范成大が宴席で作った詩文が、人々にこぞって口伝えられ、メロディーに乗せられ、屏風や団扇に写されたという。無論、上司に対する褒辞であるから、虚飾が含まれることは考慮せねばならないが、右の序文からは、范成大の詩文に対する成都人士の熱狂ぶりを読み取ることができよう。また、劉宰の題跋からも、四川人士が范成大を高名な文人として尊重していたことを読み取ることができる。

余與蜀李季允同爲紹熙庚戌進士。……因問近時南士帥蜀誰賢、季允以范石湖對、余疑焉、細問之。季允言、「蜀之俗大抵好文、其後生往往知敬先達、先達之所是亦是之。范公以文鳴、其毫端之珠玉、紙上之雲烟、蜀士大夫爭寶之。又其爲政平易近民、民有隱必伸、有謁必獲、故其教易成、其政不嚴而治。」余聞而私識之。

余 蜀の李季允と同じく紹熙庚戌（元年、一一九〇）の進士為り。……因りて近時の南士の蜀に帥たるは誰か賢なるを問ふに、季允 范石湖を以て対ふ、余 焉《これ》を疑ひ、細《つぶ》さに之を問ふ。季允言ふ、「蜀の俗は大抵文を好み、其の後生 往往にして先達を敬ふを知る、先達の是とする所 亦た之を是とす。范公 文を以て鳴れり、其の毫端の珠玉、紙上の雲烟、蜀の士大夫争ひて之を宝とす。又其の政を為すや平易にして民に近し、民に隠るる有らば必ず伸ばし、謁する有らば必ず獲る、故に其の教へ成り易く、其の政 厳ならずして治まる」と。余 聞きて私《ひそか》に之を識《しる》す。

（劉宰「書石湖詩巻後」、『漫塘集』巻二十四）

劉宰（一一六六～一二三九、字は平国、江蘇省金壇の人）の、近年の四川の統治者で賢なる者は誰かという問いに対して、同年の進士で四川出身の李𡒄（一一六一～一二三八、字は季允、四川省丹稜の人、李燾の子）は范成大の名を挙げて答えている。そして、高名な文人である范成大が、文学を好み先達を敬う蜀人[19]の尊崇の対象となったことをその根拠とする。「毫端の珠玉、紙上の雲烟、蜀の士大夫争ひて之を宝とす」という描写は、陸游の序文に述べられた状況と一致している。まず文名の高さによって蜀人の尊敬と信頼を勝ち取ったことを述べ、その後に四川統治の手腕について説明していることに注意すると、范成大の文人としての名声が先にあり、そしてその名声が彼の四川統治において有効に働いたと李𡒄は考えていたようである。

ところで、范成大の詩文、あるいはその真蹟に対する四川の人々の熱狂ぶりは、それが褒辞における誇張表現を含むとしても、いささか度を過ぎたもののようにも思われるが、これには南宋四川の閉鎖性が関連すると考えられる。伊原弘氏は、中枢地から離れた四川の人士は、その科挙合格者数が江南諸路に劣らないものでありながら、中央政界ではあまり用いられず、四川内で下級官僚として終わる者が多かったことを指摘している。[20]四川人士の中央政府での登用が少なかったことについては、史書にも言及がある。

庚戌、宰執進呈趙逵所薦士、上曰、「三呉才行之士、往往知其姓名、惟蜀人道遠、其間文學行義有可用者、不由論薦無由得知。前此數年、蜀中仕官者、例多隔絶、不得一至朝廷、甚可惜也。」自秦檜專權、深抑蜀士、故上語及之。

（紹興二十七年夏四月）庚戌、宰執 趙逵の薦むる所の士を進呈す、上（高宗）曰く、「三呉の才行の士、往往にして其の姓名を知るも、惟《た》だ蜀人は道遠く、其の間に文学・行義の用ゐるべき者有るも、論薦に由《よ》らずんば知るを得る由《よし》無し。此れより前の数年、蜀中の仕官する者、例《おほむ》ね隔絶する多く、一も朝廷に至るを得ざるは、甚だ惜しむべきなり。」秦檜の権を専らにせし自《よ》り、深く蜀士を抑ふ、故に上の語 之に及ぶ。

（李心伝『建炎以来繫年要録』巻百七十六）

ここで、紹興二十七年（一一五七）に四川人士の趙逵が人材を推薦した際に高宗が語った内容には、杭州臨安の中央政府にとって四川人士の登用が困難であった理由が二点にまとめられている。一つは杭州と四川との距

離の遠さであり、もう一つは秦檜の専制である。これは『宋史』虞允文伝にも、

秦檜當國、蜀士多屛棄。

秦檜 国に当るや、蜀士 屛棄せらるること多し。

とあり、専権宰相・秦檜に四川人士は疎まれ、中央での登用を阻まれたようである。[21]秦檜が紹興二十五年（一一五五）に死去して後、そうした偏向には修正が加えられたようであるが、[22]それでも四川人士の中央政府での登用は依然として少なかった。その理由は、南宋四川において独自に運用された類省試なる制度に求められよう。[23]

類省試とは、靖康の変（一一二七年）前後の行在所すら定まらぬ混乱によって、本来都で行われるべき省試の公正な運営が難しくなったため、各路ごとに試験を実施することを許可したものである。これはあくまで臨時の措置であったが、四川だけはその後も継続して類省試を行った。類省試の合格者数、すなわち任官の有資格者数は極めて多く、その大部分が、前述のように四川内の地方官として官を得ていた。換言すれば、南宋の四川という地域は、類省試という独自の科挙システムによって自立性、閉鎖性を強めていったのである。

こうした四川の自立性、閉鎖性を背景において考えたとき、范成大の赴任に対する四川の熱狂ぶりは、他地域、ここでは江南の高名な文人との交流を四川人士が渇望していたことによるものであると言えよう。[24]成都における陸游と范成大の交流は、南宋を代表する文人二人の交流として注目に値するものであるが、当時閉鎖的であった四川の在地文人たちが、文人としての彼らの赴任を熱烈に歓迎したという地域社会的背景を踏まえて理解されるべきである。

五　陸游詩の憂国表現と四川人士

陸游という詩人を論じるとき、その詩に見える強烈な憂国表現[25]への言及を欠くことはできないだろう。四川人士との交流は、陸游詩の憂国表現にいかなる影響を与えたか、以下検討したい。

王炎幕下における南鄭での前線体験は、陸游の精神を高揚させ、新たな詩作の境地を開いた。その前線体験を共有した張縯は、四川人士の中でも、まさしく陸游の憂国の情を吐露するにふさわしい相手であった。

倚遍南樓十二欄　倚りて遍《あまね》し南楼　十二の欄
長歌相屬寓悲歡　長歌　相属《つづ》きて悲歓を寓す
空懷鐵馬横戈意　空しく懐ふ　鉄馬　戈を横《よこ》たふるの意
未試冰河墮指寒　未だ試さず　冰河　指を墮《お》とすの寒
成敗極知無定勢　成敗　極めて知る定勢無きを
是非元自要徐觀　是非　元自《もとよ》り徐観を要す
中原阻絶王師老　中原阻絶して王師老ゆ
那敢山林一枕安　那《なん》ぞ敢へて山林にて一枕に安んぜん

（陸游「次韻季長見示」、『剣南詩稿』巻九）

張縯の詩に次韻したこの作では、頷聯で「曹操親子のように、鉄騎にまたがり戈を携えながら詩を賦すことに空しく思いを馳せ、指が凍傷で死んでしまうほどの北方の凍りついた寒さを体験せずにいる[26]」と、中原恢復の軍に従う機会を得ないことを嘆き、尾聯で「中原と断絶されて宋朝の兵も年老いてゆくが、どうして山林の一眠りに心の安寧を求めようか」と、時間の経過にも風化することのない志を詠っている。現存しないが、あるいは張縯の原唱も憂国の志を表現していたのかもしれない。

斯世元知少賞音　斯世　元より知る賞音の少きを
道存何恨死山林　道存さば　何をか恨まん　山林に死せるを
半生去國風埃面　半生　国を去る風埃の面
一片憂時鐵石心　一片　時を憂ふ鉄石の心

（陸游「後園独歩、有懐張季長正字」、『剣南詩稿』巻十八）

また、後に作った張縯を懐かしむ詩では、彼を指して時勢を憂う「鉄石の心」を持つ友人であると言う。陸游にとって張縯が数少ない「賞音」の同志であるのは、すなわち憂国の志を共有することができたからであった[27]。陸游の憂国の情、そしてその詩への発露は、もちろん第一義には、陸游という一個人の性格に根源を持つと考えるべきであり、北は金、西は羌や吐蕃と境を接する四川において、その憂国の情が詩作の上に高揚して展開されたのであろう。しかし、先述したように、「燕飲頽放」と非難されるような、酒に酔った放埒な態度を陸游と四川人士が共有していたことを考慮すれば、陸游詩における憂国表現は、四川人士との交流の中でより顕著になっていったのではないだろうか。以下、二人の四川人士を例示したい。
呂商隠（字は周輔、成都の人）は、陸游が淳熙元年（一一七四）に蜀州（四川省崇慶）通判事の任にあった時の同僚であるが、その呂商隠の作に次韻した詩において、

何時關輔胡塵靜　　何れの時か　関輔　胡塵静まらん
大華山頭更卜期　　大華山頭　更に期を卜す

（陸游「次韻周輔霧中作」、『剣南詩稿』巻五）

と、遙か北、古都長安や華山が宋朝の版図に再び収まるのはいつのことになるだろうか、と唱和する。先に見た張縯の例同様、次韻詩においての憂国表現である。
また、陸游、范成大両者との交流が確認できる、四川人士の李石(28)（字は知幾、資州盤石の人）の詩には、以下のように憂国の情が詠われる。

一水遮金騎　　一水　金騎を遮り
諸州辦甲衣　　諸州　甲衣を辦ず
書生投筆硯　　書生　筆硯を投じ
隨口說兵機　　口に随ひて兵機を説かん

（李石「感事」十首の一、『方舟集』巻五）

書生であるはずの李石は、筆や硯を投げ捨て、出兵に関して思うところをそのままに説きつける。李石は別の詩においても、書生でなければ、漢の李広将軍のように報われぬままに戦ったであろうと詠う。

輕衫輕騎雪邊州　軽衫　軽騎　雪辺の州
不是書生戰不侯[29]　是れ書生ならずんば　戦ひて侯ならざらん
臥枕太阿龍夜吼　太阿に臥枕して　龍　夜に吼《ほ》へ
夢隨氷凍截河流　夢に氷凍に随ひて　河流を截《た》つ

（李石「感事」二首の一、『方舟集』巻五）

先に張縯との交遊で「劇談那得住（劇談　那ぞ住まるを得ん）」（「広都道中呈季長」詩）、酒を交わしながら論を戦わす二人の姿を見たが、憂国の情を互いにぶつけ合って明かした夜もあったのだろう。陸游詩の憂国表現には、四川人士との文学的交流がその基盤の一つにあったのである。[30]

六　陸游と「元祐」

陸游と張縯の交流について考える際、彼らが共有していた意識として、憂国の思いの他にもう一つ重要な点が指摘できる。それは、宋代の四川が持つ歴史的背景への意識であった。具体的には、四川眉山の出身である蘇軾、そして四川人士と姻戚関係にあった黄庭堅が属した旧法党、すなわち元祐党への尊崇の念を共有していた、ということである。しかも、陸游にとって元祐党とは祖父が属する集団であり、それゆえ彼は元祐党の子孫であるという強い矜持を抱いていたのである。㉛

陸游の祖父、陸佃（一〇四二～一一〇二、字は農師、号は陶山）は若い時に王安石に師事し、神宗の元豊年間に中書舎人、給事中に抜擢された。陸佃は新法党の領袖である王安石の弟子であり、一見すると旧法党とは対立する集団の一員であるように思われるが、㉜旧法党が弾圧の対象となった元祐党禁下でも、その処罰には同情的であった。㉝その姿勢が影響したのか、後には自らも元祐党籍に入れられ、処罰の対象となってしまう。

この祖父が対象となった元祐党禁に対し、陸游は宋朝衰退の分岐点であるという認識を示している。

中原亂後儒風替　　中原乱れて後　儒風替《すた》れ
黨禁興來士氣孱　　党禁興《おこ》り来りて　士気孱《よわ》まれり

（陸游「寄別李徳遠」二首の二、『剣南詩稿』巻一）

黨禁久不解　　党禁　久しく解けずして
胡塵暗神州　　胡塵　神州を暗くす

（陸游「北巌」、『剣南詩稿』巻十）

これらの詩から、党禁こそが王朝の弱体化を招き、ひいては夷狄の侵略を許してしまった、という陸游の歴史認識を読み取ることができる。
　そして、張縯こそは、旧法党の中心人物であり、厳しい弾圧の対象であった蘇軾・黄庭堅と極めて親しい蜀州江原の張氏の出身であった。近藤一成氏は、張縯の曾祖父・張公裕が蘇軾「黄州寒食詩巻」を蔵し、さらにそれに対して伯祖・張浩が黄庭堅に跋文を依頼した経緯を明らかにしている(34)。
　張縯がこうした「元祐」以来の名族の出身であることを、陸游も十分に意識していたことは、次の詩から読み取ることができる。

士生不及慶暦初　　士の生まるるや　慶暦の初に及ばざるも
下方元祐當勿疏　　下方の元祐　当に疏なること勿《なか》るべし
請看蛟龍得雲雨　　請ふ看よ　蛟龍　雲雨を得るを
豈比鳥雀馴階除　　豈に鳥雀の階除に馴るるに比せんや
（陸游「和范舍人病後二詩、末章兼呈張正字」二首の二、『剣南詩稿』巻八）

　范成大の詩に唱和し、併せて張縯に贈ったこの詩において、陸游はまず、范成大を同郷の先人、慶暦の治の中心人物であった范仲淹に譬え、続けて自らと張縯を指して「元祐」という。ここでは、「范成大殿はかの慶暦の御代には生まれ合わせなかったが、どうか部下の元祐の仲間の二人を疎んじないでいただきたい」と、范成大を賞賛しつつ、自らと張縯が元祐党の子孫であることを巧みに詩中に織り込んでいるのである。また、陸游が紹興山陰に帰った後、張縯に寄せた詩には以下のように言う。

人生彊健已難恃
世事變遷那可常
兩家子孫各長大
他年窮達毋相忘

人生　彊健　已に恃《たの》み難く
世事　変遷　那《なん》ぞ常なるべけんや
両家の子孫　各《おの》おの長大す
他年の窮達　相忘るること毋《なか》れ

（陸游「呉体寄張季長」、『剣南詩稿』巻三十八）

老いぼれに体の強健さはもう期待できず、世の中の変遷は目まぐるしい。君も私も、共に子孫が成長しているのだから、かつての困窮も栄達もまた代々共にしていこうじゃないか。

この詩で「両家の子孫」について言及するように、陸游と張縯の交流は、一個人同士の強い結びつきに限られたものではなく、一族同士の交流として意識されていた。そしてそれは、元祐以来の名家同士であったことが背景にあったのである。

前節で紹介した四川人士である李石には、蘇軾の『蘇文忠公集』に対する孝宗の叙文に付した跋文がある。

敬於郡圃作堂、以「元祐學」榜之、奉御敍與侍御公嶠之跋刻龕之堂上、與蜀士大夫共之、守臣職分也。

敬みて郡圃に堂を作り、「元祐学」を以て之に榜す、御敍と侍御公嶠の跋とを奉りて之を堂上に刻龕し、蜀の士大夫と之を共にす、守臣の職分なり。

（李石「蘇文忠集御叙跋」、『方舟集』巻十三）

ここで李石は、郡の菜園に堂を建て、孝宗の叙文と蘇軾の曾孫である蘇嶠の跋文とを堂に収めたが、これには蜀の士大夫の協力を得た、と述べる。注目すべきは、堂に掲げられた額に「元祐学」と題されていることである。「元祐」への尊崇の念は、張縯との共有に限定されないものであった。

これを要するに、陸游は名臣・陸佃の孫であることを背景に[35]、張縯のような四川人士が有する「元祐」への尊崇の念に対して強く共感することができた。第三節に見た気風の共感に加え、こうした人的交流において「元祐」の子孫であることの矜持を共有したこと、これこそが、陸游に四川への特別な感情をもたらした要因であったと考えられる。

七　南宋における文学交流と地方出版の成熟

陸游と范成大が、成都を中心に四川人士と交流してから二十年ほど後の慶元五年（一一九九）、范成大と同じ四川制置使兼知成都府という肩書きで成都に赴任していた袁説友（一一四〇～一二〇四、字は起巖、福建建安の人）は、成都で詠まれた、あるいは成都を題材とした詩賦を収集して『成都文類』五十巻を編んでいる。揚雄、左思の「蜀都賦」に始まり、宋人の詩作まで収める該書の序文において、袁説友は以下のように述べている。

益古大都會也、有江山之雄、有文物之盛、奇觀絶景、仙游神跡、一草一木、一丘一壑。名公才士、騷人墨客、窺奇吐芳、聲流文暢、散落人間何可一二數也。

益は古の大都会なり、江山の雄有り、文物の盛有り、奇観絶景、仙游神跡、一草一木、一丘一壑あり。名公才士、騒人墨客、奇を窺ひ芳を吐き、声流れ文暢《の》ぶるに、人間に散落せるは何ぞ一二もて数ふべけんや。

（袁説友「成都文類序」）

ここで袁説友は、古からの大都会である成都において文人が詠んだ詩賦は少なからず散佚してしまう、と『成都文類』編纂を思い立った動機を記している。福建人の袁説友による『成都文類』編纂は、官僚である南宋文人の地方赴任が、当該地域に関連する文学作品の編集・出版という文化現象を生み出していた例と言えよう。交通網・情報網が整備された現代とは異なり、その場に足を踏み入れ、その風土に触れることは、文人当人の文学活動及び当地の文化的状況にも多大なる影響を及ぼしたのである。本章で検討した陸游と四川人士の交流についても、官僚としての地方赴任が常態化し、かつその際の文学活動の成果が、当地において刊刻という手段を通して即時に流伝するという状況[36]を背景にして捉えられねばならない。

以上を要するに、陸游が四川人士と共有していたものは二点に集約することができる。一つは「燕飲頽放」と非難されたような、酒に溺れ放埒に振る舞う中で、直截に表現される憂国の情である。もう一つは自らがその子孫であるという矜持を背景とした、蘇軾・黄庭堅を代表とする元祐党人に対する尊崇の念である。陸游と四川人士との交流を俯瞰して見えてくる、こうした強い共感が背景にあって、陸游は江南に帰った後も四川という地域に慕情の念を抱き続けたのだと考えられる。

そして陸游と四川人士の交流は、四川の統治者として、また陸游と比肩する文人として成都に赴任してきた范成大の友情にも支えられていた。対外関係が小康状態にあった淳熙年間に、江南を代表する官僚文人二人が、特殊な閉鎖性を有していた四川の在地人士と交流したことは、南宋期の地域社会における文学創作活動が、出版文化の普及を背景に、文学史に刻印された好例として位置づけられるのである。

注

（1）『剣南詩稿』の成立過程については、村上哲見「陸游『剣南詩稿』の構成とその成立過程」（『小尾博士古稀記念中国学論集』、汲古書院、一九八三年）及び「ふたたび陸游『剣南詩稿』について——附『渭南文集』雑記——」（『神田喜一郎博士追悼中国学論集』、二玄社、一九八六年、両篇とも後『中国文人論』〔汲古書院、一九九四年〕所収）を参照。

（2）趙翼『甌北詩話』巻六に陸游詩の「三変」の一つとして、「是放翁詩之宏肆、自從戎巴蜀而境界又一變（是れ放翁詩の宏肆たる、巴蜀に戎して自従《よ》り境界 又一変す）」とある。

（3）于北山『陸游年譜』（上海古籍出版社、二〇〇六年新版、初版は北京中華書局、一九六一年）。

（4）陸游と張縯の交流については、郭光『陸游伝』第十一章「浣花歳月」（中州書画社、一九八二年）や鄒志方『陸游研究』第五章第三節「入蜀八年」（南宋史研究叢書、北京人民出版社、二〇〇八年）に伝記資料の一端としてまとめられている。また、近藤一成「東坡『黄州寒食詩巻』と宋代士大夫」（『早稲田大学大学院文学研究科紀要』第四分冊第四十八輯、二〇〇二年）には、張縯の所属する蜀州江源の張氏について言及がある。

（5）陸游「跋劉戒之東帰詩」（『渭南文集』巻三十一）に「今春、季長復考終于江源（今春〔開禧三年、一二〇七〕、季長復た江源に考終す）」とあり、また開禧三年夏の作である「雑詠」詩（十首の四）、「従今無復季長書（今従り復た季長の書無し）」句の自注に「近聞張季長物故（近ごろ聞く張季長物故すと）」とある。

（6）『南宋館閣録』巻八に「（乾道）九年九月除、淳熙元年十一月丁憂」とあるのに従う。注（4）前掲の近藤論文は父の服喪とするが、范成大が「張正字母夫人朱氏輓詞」詩（『范石湖集』巻十七）を詠んでおり、母親朱氏の服喪であろう。

（7）「礼法に拘はらず」という態度は、陸游にとっては非難されるべきものだが、周必大が撰した范成大の神道碑（「資政殿大学士贈銀青光禄大夫范公神道碑」、『文忠集』巻六十一）には「凡人才可用者、公悉羅致幕下、用其所長、不以小節拘之（凡そ人才の用ゐるべき者、公 悉く幕下に羅致し、其の長ずる所を用ゐ、小節を以て之に拘はらず)」と、范成大の人材登用における美点として挙げられている。

(8) 『宋史』は元朝編纂の史書であるため、『宋会要輯稿』所収記事の方が一次史料として信頼でき、職務上の「燕飲頽放」という態度が弾劾の理由として挙げられたと考えるべきである。

(9) 石本道明「陸游酔中吟初探——蜀在任中の詩と心情——」(『国学院雑誌』九十一巻四号、一九九〇年)は、「燕飲頽放」について陸游の飲酒を詠った詩歌から考察を加えているが、その根底には「宋朝回復の志が遂げられぬ鬱屈」があったとする。

(10) 小川環樹「詩人の自覚——陸游の場合——」(『風と雲　中国文学論集』、朝日新聞社、一九七二年)は、「剣門道中遇微雨」詩(『剣南詩稿』巻三)の「此身合是詩人未(此の身 合に是れ詩人なるべきや未や)」句を引いて、この挫折体験が陸游の詩人としての自覚を促したことを説く。

(11) 陸游詩に見える「酒徒」という語が特定の交友を指すとき、それは四川における交友に限定して用いられる。「懐成都十韻」(『剣南詩稿』巻十)に「酒徒詩社朝暮忙(酒徒 詩社 朝暮に忙し)」とあり、また「有自蜀来者、因感旧遊作短歌」(『剣南詩稿』巻十九)に「經月酒徒無覓處(月を経る酒徒は覓むる処無し)」とあり、これらは詩題から、四川での旧交を詠っていると判断できる。また「宿魚梁駅、五鼓起行有感」(『剣南詩稿』巻十)では「憶從南鄭客成都(憶ふ 南鄭従り成都に客たるを)」と詠い起こして「一笑難尋舊酒徒(一笑 尋ね難し旧酒徒)」と言い、「安流亭俟客不至、独坐成詠」(『剣南詩稿』巻十八)でも「憶昔西征鬢未霜(憶ふ 昔西征して鬢未だ霜ならざるを)」と詠い起こして「酒徒雲散無消息(酒徒雲散して消息無し)」と言っているように、四川を追憶する中で「酒徒」の語が用いられている。

(12) 范成大詩のテキストは、富寿孫『范石湖集』(中国古典文学叢書、上海古籍出版社、一九八一年)に拠った。

(13) 陸游と范成大の交流については、三野豊浩「成都における陸游と范成大の交流」(『日本中国学会報』第四十八集、一九九六年)を参照。

(14) 王章が長安で書生だった際、貧困に苦しみ、病を得て牛にかぶせるむしろをかぶり死を思って泣いていたところ、妻に叱咤された故事に拠る。「初、章爲諸生學長安、獨與妻居。章疾病、無被、臥牛衣中、與妻決、涕泣。其妻呵怒之曰、『仲卿、京師尊貴在朝廷人誰踰仲卿者。今疾病困戹、不自激卬、乃反涕泣、何鄙也』(初め、章 諸生と為りて長安に学び、独り妻と居る。章 疾病なり、被無く、牛衣の中に臥し、妻と決《わか》れ、涕泣す。其の妻 之に呵怒して曰く、『仲卿、京師の尊貴の朝廷に在る人 誰か仲卿を踰ゆる者あらん。今疾病にして困戹するに、自ら激卬せず、乃ち反って涕泣す、何ぞ鄙なるや』と)。」

(15) 弾劾の後に祠録を拝領したことは、陸游「蒙恩奉祠桐柏」詩(『剣南詩稿』巻七)に「罪大初聞收郡印、恩寛俄許領家山。

（罪大きくして初めて聞く 郡印を収むるを、恩寛くして俄かに許さる 家山を領するを）」と見える。名目上管理する道観は、台州桐柏山（浙江省天台）の崇道観であった。

(16) 連作である「和范待制秋興」第三首でも、「已忘海運鯤鵬化、那計風微燕雀高。（已に忘る 海運《めぐ》りて鯤 鵬に化するを、那ぞ計らんや 風微かにして燕雀の高きを）」と自らを鯤や鵬、弾劾者を燕雀に譬えて詠っている。

(17) 村上哲見『円熟詩人 陸游』（中国の詩人十二、集英社、一九八三年）は、范成大が陸游を経済的に援助したことを、また注（13）前掲三野論文は、祠録の拝領に際して范成大の助力があったことを推測している。

(18) 孝宗朝の政治状況については、王徳毅「宋孝宗及其時代」（中華叢書『宋史研究集』第十輯、国立編訳館中華叢書編審委員会、一九七八年）及び寺地遵『南宋初期政治史研究』（渓水社、一九八八年）終章「紹興十二年体制の終末と乾道・淳熙体制の形成」を参照。

(19) 張縯「諸丈賡示前章、再次韻」詩（『全蜀藝文志』巻十三）の「英靈舊有淩雲賦（英霊旧より淩雲賦有り）」句の自注には、「蜀地雖險、不可用武、其俗皆尚文、班孟堅謂『蜀文章擅天下』（蜀地険なると雖も、武を用ゐるべからず、其の俗 皆文を尚ぶ、班孟堅謂ふらく『蜀の文章 天下に擅《た》く』と）」とある。

(20) 伊原弘「南宋四川における定居士人――成都府路・梓州路を中心として――」（東方学会『東方学』第五十四輯、一九七七年）を参照。伊原氏は、官についていない士人が出身地に定居し、学問を教えながら士人間の交際を重んじ、密度の高い入り組んだ婚姻関係を結んでいることも指摘している。

(21) 注（18）前掲寺地著でも、反秦檜路線を掲げた政治勢力を、四川・福建両勢力の連合体であったと指摘している。

(22) 『宋史』唐文若伝に、「秦檜死、上訪蜀士於魏良臣、以文若對（秦檜死し、上 蜀士を魏良臣に訪ぬるに、文若を以て対《こた》ふ）」とある。唐文若は四川省眉山の人。

(23) 類省試については、近藤一成「南宋四川の類省試からみた地域の問題」（早稲田大学史学会『史観』第百五十一冊、二〇〇四年）及び祝尚書「宋代科挙類省試制度考論」（『宋代科挙与文学』、北京中華書局、二〇〇八年）を参照。

(24) 南宋四川の閉鎖性を別の角度から捉えたとき、北方からの移民流入の問題がある（内山精也氏の御教授による）。五代以前の混乱期に四川に流入した移民は、長安や畿内の人士が主であったため、都の先進的文化も同時に移植されたと考えられる。だが、北宋から南宋の移行期においては、関中からの流入は軍人中心であった。呉松弟『北方移民与南宋社会変遷』（大陸地区博士論文叢刊四十七、台北文津出版社、一九九三年）を参照。

(25) 従来の陸游研究では、陸游詩の特徴は「憂国」と「閑適」の二方面に求められる。例えば銭鍾書『宋詩選注』（中国古典文学読本叢書、北京人民文学出版社、一九五八年）は「他的作品主要有両方面、一方面是悲憤激昂、要為国家報仇雪恥、恢復喪失的疆土、解放淪陥的人民。一方面是閑適細膩、咀嚼出日常生活的深永的滋味、熨帖出当前景物的曲折的情況（彼の作品は主に二種類あり、一つは悲憤激昂し、失地を恢復し人民を解放して国家の恥辱をはらそうとするもの。もう一つは心穏やかに細やかな描写で、日常生活の深みを味わい、目の前の景物の複雑な様を適切に写し取るものである）」と指摘する。

(26) 「横戈意」は元稹「唐検校工部員外郎杜君墓係銘」（『元氏長慶集』巻五十六）に「曹氏父子鞍馬閒爲文、往往横槊賦詩（曹氏父子 鞍馬の間に文を為《つく》り、往往にして槊を横たへて詩を賦す）」とあり、三国魏の曹操親子を指す。「墮指寒」は『史記』高祖本紀に「白土曼丘臣・王黃立故趙將趙利爲王以反、高祖自往撃之。會天寒、士卒墮指者什二三、遂至平城（白土の曼丘臣・王黃 故の趙将趙利を立て王と為して以て反す、高祖 自ら往きて之を撃つ。会《とき》に天寒く、士卒の指を墮とす者什に二三、遂に平城に至る）」とある。

(27) 陸游「東村散歩有懐張漢州」詩（『剣南詩稿』巻二十八）に、「憂國丹心折（国を憂へば丹心折く）」と、張縯を懐う詩において「憂国」を用いた例が見られる。

(28) 陸游詩に李石の名が見えるのは「六月二十四日夜分、夢范至能・李知幾・尤延之同集江亭、諸公請予賦詩記江湖之楽、詩成而覚、忘数字而已（六月二十四日の夜分、范至能〔成大〕・李知幾〔石〕・尤延之〔袤〕同に江亭に集ひ、諸公 予に請ひて詩を賦して江湖の楽を記せしむを夢む、詩成りて覚むるに、数字を忘るるのみ）」（『剣南詩稿』巻三十四）、また「感旧」詩（二首の一、『剣南詩稿』巻三十八）がある。李石にも陸游、范成大を送別した詩（「送陸務観」、「送范至能制置」、共に『方舟集』巻二）がある。

(29) 杜甫「将赴荊南寄別李剣州」詩（『杜詩詳注』巻十三）の「焉知李廣未封侯（焉《いづく》んぞ知らん 李広の未だ侯に封ぜられざるを）」という句を踏まえる。

(30) 陸游と四川人士の交流に見える憂国表現は、現存する作品中には必ずしも多くはない。しかし、例えば邱鳴皐『陸游評伝』（中国思想家評伝叢書、南京大学出版社、二〇〇二年）に「従抗金的前沿陣地退入後方、収復中原建功立業的希望、可能就此破滅、因而心情十分痛苦（対金の前線から後方の成都へと退き、中原を恢復して功績をうち立てるという希望はここに破れ、とてもつらい心情であった）」と評されるような、陸游の成都寄寓時期への否定的評価は、四川人士との交流を踏まえて修正されるべきであろう。

(31) 陸游「福建到任謝表」（『渭南文集』巻一）に「偶以元祐之黨家、獲與紹興之朝士（偶たま元祐の党家を以て、紹興の朝士を与へらるを獲）」とあり、また「知厳州謝王丞相啓」（『渭南文集』巻十一）に「伏念某元祐黨家、紹興朝士（伏して念《おも》ふ

某 元祐の党家にして、紹興の朝士たり）」とあるように、陸游は自身が「元祐の党家」、元祐党禍を蒙った家の出身であると公言している。「紹興の朝士」とは、陸游が紹興三十二年（一一六二）に進士出身を賜ったことを指す。

(32) 陸佃と黄庭堅は、『神宗実録』の編纂時の同僚であり、二人はその編纂姿勢をめぐって論争している。『宋史』陸佃伝に「遷吏部侍郎、以修撰『神宗實録』徙禮部。數與史官范祖禹・黄庭堅爭辨、大要多是安石、爲之晦隱。庭堅曰、『如公言、蓋佞史也。』佃曰、『盡用君意、豈非謗書乎』（吏部侍郎に遷り、『神宗実録』を修撰するを以て礼部に徙《うつ》る。数《しば》しば史官范祖禹・黄庭堅と争辨す、大要《おおよそ》多くは是れ安石なり、之が為に晦隠す。庭堅曰く、『公の言の如くせば、蓋し佞史ならん』と。佃曰く、『尽く君が意を用ゐれば、豈に謗書に非ざるか』と）」とある。

(33) 『東都事略』巻九十七に「佃執政、薦拔人材、多恬退者。時臺章多論元祐時人。佃曰、『姑以薄責一施之、然後詔更不窮治如何』（佃執政たり、人材を薦抜するに、多くは恬退する者なり。時に台章 多く元祐の時人を論ず。佃曰く、『姑く薄責を以て一たび之を施し、然る後に詔して更に窮治せざるは如何』と）」とあり、元祐党人（旧法党人）に対し、まず軽い処罰を与えた上で、それ以上の追及をしないことを詔するよう進言している。

(34) 注（4）前掲近藤論文を参照。なお、現存する「黄州寒食詩巻」には張縯の跋文も附されている。

(35) 李石「送陸務観」（『方舟集』巻一）に「是家門地好、羽儀耀朝端（是の家 門地好し、羽儀 朝端に耀く）」と、陸游の家柄について詠っている。

(36) 葉紹翁『四朝聞見録』巻乙には、流伝した陸游詩の版本を孝宗が目睹し、そのため陸游を召還させたという故事が紹介されており、注（1）前掲村上「陸游『剣南詩稿』の構成とその成立過程」も、この記事を引いて、陸游の作品が坊間の書肆において刊刻されたことを推断している。既に引用した陸游「范待制詩集序」に「於是相與刻之（是に於て相与に之を刻す）」と言うように、范成大の詩集も成都にて刊刻されており、本章第四節で述べた文人としての范成大への高い評価に、版本というメディアが寄与していたことが窺える。

第五章　陸游の厳州赴任と『剣南詩稿』の刊刻

一　問題の所在――陸游『剣南詩稿』とその読者層――

南宋を代表する詩人である陸游の、一万首近い詩作を今日に伝える詩集『剣南詩稿』は、「四川における詩作の草稿」と題される。下半の「詩稿」、つまり決定版ではなく草稿であるとの命名には、宋代より出現した、別集の編纂と定本の制定への意識が表れている。[1]

そして、上半の「剣南」という地名は、『剣南詩稿』の随所に「思蜀」「憶蜀」「夢蜀」といった詩題や、あるいは「不死揚州死剣南（揚州に死せずして剣南に死せん）」（「東斎偶書」、『剣南詩稿』巻十八）といった詩句が認められるように、四川という土地に対する陸游の強い愛着によるものであり、その底流には陸游と四川人士の交流における共感があった（第四章参照）。

ところで、この『剣南詩稿』の初刻は、淳熙十四年（一一八七）の冬、陸游が六十三歳にして知厳州（浙江省建徳市）在任中のことであり、その二十巻本『剣南詩稿』（以下、本章では便宜的にこれを「厳州刊本」と略称）が現行の八十五巻本の巻一から十九に相当することは、既に村上哲見氏が明らかにしている通りである。[2]厳州刊本が刊刻される際に部下の鄭師尹が撰した序文には、「総じて剣南と曰ふは、其の旧に因るなり」と、その題名の由来が端的に説明されている。すなわち、元来四川での詩作をまとめた『剣南詩稿』（以下、便宜的に「初編本」と略称）が存在し、厳州刊本はその旧題をそのまま襲ったのである。これを、第四章に検討した内容と併せれば、陸游が江南に帰った後もずっと四川に強い愛着を抱いていたがために、初編本の旧題を踏襲した『剣南詩稿』というタイトルを、そのまま厳州刊本に用いたことになる。

しかし、例えば同時期に刊刻された楊万里（一一二七〜一二〇六）の詩集のように、『江湖集』、『荊渓集』、『西帰集』などの「一官一集」が、長子の楊長孺の手による『誠斎集』百三十三巻[3]として集大成されていくその過程と比べても、当初は「一官一集」としての性格を有していた『剣南詩稿』というタイトルが、現在我々が見ることのできるテキストにまで継承されるということは、十分に検討されるべき異様なことなのである。

この『剣南詩稿』というタイトルの継承について、第一の手がかりとなる、厳州刊本のために撰された鄭師尹の序文をつぶさに読んでいくと、その背景には陸游詩の読者という受容層の存在が窺えるのである。以下、厳州刊本の鄭師尹序について確認したい。

前輩有欲補詩史一字之闕、終莫適其當者。夫發言寓意、未必惟一字之工、或者窮思畢慮之弗逮。人才相去、乃爾遠耶。太守山陰陸先生劍南之作傳天下、眉山蘇君林收拾尤富、適官屬邑、欲鋟本爲此邦盛事、 廼以纂次屬師尹。亦既斂衽肅觀、則浩渺閎肆、莫測津涯、掩卷太息者久之。獨念吾儕日從事先生之門、閒有疑闕、自公餘可以從容質正、幸來者見斯文大全、用是不敢辭。『劍南詩稿』六百九十四首、『續稿』三百七十七首。蘇君於集外得一千四百五十三首、凡二千五百二十四首、又□（以下、□は一字欠を示す）七首、釐爲□十卷。總曰劍南、因其舊也。文字傳襲失眞、類不滿人意。其如此書、得之所見、有以傳信而無疑。若夫發乎情性、充乎天地、見乎事業、忠憤感激、憂思深遠、一念不忘君、先生之志、且有當世巨公爲之發揮、非師尹敢任。淳熙十有四年臘月幾望、門人迪功郎・監嚴州在城都税務括蒼鄭師尹謹書。

前輩の詩史一字の闕を補はんと欲する有るも、終《つひ》に其の当なる者に適《ゆ》く莫し。夫れ言を発し意を寓するは、未だ必ずしも惟《た》だ一字の工なるのみならず、或いは思を窮め慮を畢《つく》すことの逮《およ》ばざるなり。人才相去ること、乃ち爾《しか》く遠からんか。太守山陰の陸先生　剣南の作　天下に伝はりて、眉山の蘇君林　収拾尤《もつと》も富めり、適《たま》たま属邑に官せば、本に鋟《きざ》みて此の邦の盛事と為さんと欲し、迺《すなは》ち纂次を以て師尹に属す。亦た既に袵を斂《おさ》めて肅《つつし》み観るに、則ち浩渺閎肆にして、津涯を測る莫く、巻を掩《おほ》ひて太息すること之を久しうす。独《た》だ念《おも》ふに吾儕　日び先生の門に従事す、間に疑闕有らば、公余自《よ》り以て従容と質正すべければ、幸ひに来者　斯文の大全なるを見ん、是を用て敢へて辞せず。『剣南詩稿』六百九十四首、『続稿』三百七十七首。蘇君　集外に一千四百五十三首を得、凡そ二千五百二十四首、又□七首、釐《おさ》めて□十巻に為《つく》る。総じて剣南と曰ふは、其の旧に因るなり。文字の伝襲して真を失ふは、類《おほむ》ね人の意を満たさず。其れ此くの如き書は、之の見《あらは》す所を得ば、以て信を伝へて疑ひ無き有り。若《も》し夫《そ》れ情性を発し、天地を充たし、事業を見《あらは》し、忠憤感激し、憂思深遠たりて、一念　君を忘れざるは、先生の志にして、且《か》つ当世の巨公　之が為に発揮する有るべくして、師尹の敢へて任ずるに非ず。淳熙十有四年臘月幾望、門人迪功郎・監厳州在城都税務　括蒼　鄭師尹　謹みて書す。

ここで確認しておきたいのは、厳州刊本の成立に際して、作品を蒐集していた蘇林という部下[4]が、その編集作業を鄭師尹に依頼したと記されていることである。彼らは州治においては陸游の部下であり、また詩作においては弟子であるという、言わば陸游に最も親しい人々であった。むろん、鄭師尹が「間に疑闕有らば、公余より以て従容と質正すべければ、幸ひに来者　斯文の大全なるを見ん」と言うように、陸游自らの編集に準ずるものであると見なすべきではあるが、厳州刊本の編集・刊刻という事業に、こうした陸游詩の愛読者が自発的に関わっているという事実は極めて示唆的である。序文の「文字の伝襲して真を失ふは、類《おほむ》ね人の意を満たさず。其れ此くの如き書は、之の見《あらは》す所を得ば、以て信を伝へて疑ひ無き有り」という口ぶりからも、版本という新たなメディアを媒介とした、陸游詩を希求する受容層の存在が想見されるのである。

北宋中期以降、文学作品は版本というメディアに記録され、以前より遙かに広範に流伝するようになった[5]。こうした変革は、広範囲に及んだ、かつ不特定多数の読者層による、文学作品に対するリアルタイムでの評価を可能にしたということを意味する[6]。これを、厳州刊本成立の背景に陸游詩の読者層の存在が想定されることと重ねて考えれば、「剣南」という地名が詩集のタイトル、しかもこの時点での全集のそれに踏襲された背景には、リアルタイムでの陸游詩への評価が介在していると考えられるのである。

本章では、厳州刊本が刊刻される前後の時期に焦点を絞って、当該時期の陸游評価について考察を加える。そこから、版本メディアの流伝による詩人の同時代評価形成とその影響を考える一端として、厳州刊本『剣南詩稿』の刊刻という現象を捉えようとするものである。また、陸游が当代随一の蔵書家であり、赴任地である厳州において出版活動を行っていることにも留意しながら、南宋期の文人と版本メディアとの関係についても併せて考えてみたい。

二　陸游の知厳州拝命と詩人陸游の名声

まずは、厳州刊本刊行以前の陸游評価に関して、知厳州拝命の経緯を手がかりに整理したい。淳熙七年（一一八〇）以降、故郷の山陰（浙江省紹興）に閑適の日々を過ごしていた陸游が、知厳州に除せられ杭州臨安に赴いたのは淳熙十三年（一一八六）の春のことである。『宋史』陸游伝は、孝宗皇帝がその際陸游に与えた言葉を記載する。

起知嚴州、過闕陛辭。上諭曰、「嚴陵山水勝處、職事之暇、可以賦詠自適。」

起ちて知厳州たり、闕に過ぎり陛辞す。上　諭して曰く、「厳陵は山水の勝れる処、職事の暇、賦詠を以て自適すべし」と。

厳州は風光明媚な土地であるから職務の暇を見て詩作せよ、という皇帝の諭旨から、陸游という詩人がこの時点で既に高名であったことがわかる。皇帝直々に「賦詠」せよ、との諭旨を賜ることは極めて異例であったのであろう。陸游自身、文章の中で、

勉以屬文、實臨遣守臣之未有。

勉《はげ》ますに文を属するを以てするは、実《まこと》に守臣を遣るに臨みて未だ有らざらん。

（陸游「厳州至任謝表」、『渭南文集』巻一）

と、前代未聞のことであると、その感激を表明している。

実際、孝宗は陸游の起用についてかなり腐心したようである。彼は後に、この知厳州の任期を終えた陸游を少監に任じることを、時の右丞相の周必大（一一二六～一二〇四）に諮問しているが、それに対し周必大は慎重な処理を求めるよう回答している。

臣伏蒙聖問「陸游除少監如何。」臣昨來與二參熟議、只是奏本人任滿多日、未審欲與何差遣。陛下愛憐其才、便欲除郎、臣曾奏知莫若且令奏事。近詢衆論、謂處以閒曹如駕部之類、亦足示陛下不棄才之意。至如後來煩言有無、非臣所知、只與外任、亦無不可。

臣伏して聖問を蒙るに、「陸游を少監に除するは如何」と。臣 昨来 二参と熟議するに、只《た》だ是れ奏するに本人 任満ちて多日なるに、未だ何の差遣を与へらるるを欲するかを審《つまび》らかにせず。陛下 其の才を愛憐し、便ち郎に除せんと欲す、臣曾て且《しばら》く事を奏せしむるに若《し》くは莫きことを奏知す。近《このごろ》 衆論に詢《はか》るに、謂ふらく 処《を》らしむるに閑曹の駕部の類の如きを以てせば、亦た陛下の才を棄てざるの意を示すに足らんと。後来の煩言の有無の如きに至りては、臣の知る所に非ざるも、只《た》だ外任を与《あた》ふれば、亦た可ならざる無からん。

（周必大「陸游除郎並朝士薦人御筆回奏」、『奉詔録』[7] 巻七）

周必大の回奏からは、孝宗がこれ以前にも陸游を郎中に就けようとしていたことがわかる。ここでの要点は、以下の三点に集約できる。第一に、陸游の抜擢が、孝宗自身の強い意向であったこと。第二に、それに対する「煩言の有無」が議論の焦点となっているように、陸游抜擢への反対意見が懸念されていたこと。第三に、「閑曹の駕部の類の如き」や「外任」が妥当であろうと提言するように、周必大は陸游の抜擢に対し、かなり慎重な態度を見せていることである。総じて、陸游を重く用いようとする孝宗とそれに同意できない官僚との間には、かなり温度差があったようである。そのことは、例えば陸游自身の詩作において、

従教俗眼憎疏放　従教《たと》ひ俗眼　疏放を憎めども
行矣桐江酹客星　行きなん　桐江　客星を酹《らい》せん

（陸游「遣興」、『剣南詩稿』巻十七）

怒嗔不復有端緒　怒嗔　復た端緒有らず
讒謗何曾容辨説　讒謗　何ぞ曾て辨説を容《い》れん

（陸游「桐江行」、『剣南詩稿』巻十九）

怨謗相乗眞市虎　怨謗　相乗じて市虎を真にし
技能已盡似黔驢　技能　已に尽きて黔驢に似たり

（陸游「丁未除夕前二日休假感懐」、『剣南詩稿』巻十九）

と詠われ、また知厳州任命を感謝する書簡においても、

方深去國之悲、敢有擇交之意。流偶殊於涇渭、風自隔於馬牛。睚眦見憎、本出一朝之忿、擠排盡力、幾如九世之讐。

方《まさ》に国を去るの悲しみを深くし、敢へて交を択ぶの意有り。流偶　涇渭を殊《こと》にし、風自ら馬牛を隔つ。睚眦　憎まるるは、本《もと》一朝の忿を出し、擠排　力を尽くす、幾《ほとん》ど九世の讐の如し。

（陸游「知厳州謝王丞相啓」『渭南文集』巻十一）

肆爲部黨之纔、規動朝端之聽。雖漸能忍事、聽唾面之自乾、猶競起浮言、至擢髮而莫數。

肆《ほしいまま》に部党の纔を為すに、規《ただ》して朝端の聴を動かす。漸く能く事を忍び、面に唾さるるの自ら乾くに聴《したが》ふと雖も、猶ほ競ひて浮言起こり、髪を擢びて数ふる莫きに至る。

（陸游「謝梁右相啓」、『渭南文集』巻十一）

と、自身を排斥しようとする動向について言及する通りである。

この知厳州任命については、失地恢復を唱える憂国の志士陸游を、孝宗がただ詩人として遇したのだというように、陸游の本懐と処遇への齟齬がしばしば言及されてきた。[8] しかし、周必大の回奏文にあったように、孝宗自身はあくまでも陸游を重用しようとしていたのであり、『宋史』陸游伝にある諭旨は、本来もっと高い官職を与えるつもりであった孝宗が、陸游をいたわってかけた言葉であったと捉えるべきであろう。そして注目すべ

きは、「賦詠を以て自適すべし」という慰めが成立するためには、詩人としての陸游に対する高い評価が一定以上の普遍性を有していなければならないということである。

陸游自身がこの外任をどう捉えたかはひとまず措くとして、孝宗のこの諭旨は、陸游の友人たちも広く知るところであったらしい。知厳州拝命のため行在所に赴いた陸游を、自邸の庭園に招いて歓待した張鎡（一一五三〜一二三五）は、陸游の厳州赴任を、孝宗の諭旨を踏まえながら以下のように詠っている。

君不見嚴陵使君斂眉頭　　君見ずや　厳陵の使君　眉頭を斂《おさ》め
清虚山水吟兩秋　　清虚たる山水　両秋を吟ずるを
〔自注〕陸丈赴官陛辭日、上曰、「嚴陵清虚之地、卿可多作文。」
陸丈　官に赴きて陛辞せる日、上曰く、「厳陵は清虚の地たり、卿　多く文を作るべし」と。
（張鎡「楊秘監為余言『初不識譚徳称国正、因陸務観書、方知為西蜀名士』、継得秘監与国正唱和詩、因次韻呈教」、『南湖集』巻三[9]）

自注に孝宗の諭旨を引用し、「厳陵の使君」陸游が「清虚たる山水」を吟ずる様を描写する。知厳州拝命時の孝宗直々の発言は、少なくとも陸游の友人たちにとっては周知の事実であり、陸游より三十歳近く年少である張鎡の詩からは、皇帝お気に入りの詩人に対する敬慕の念が読み取れよう。

さらに、陸游より二歳年少の楊万里になると、より親しい友人として、陸游を慰める様子が見て取れる。

金印斗大直幾錢
錦囊山齊今幾篇
詩家不愁吟不徹
只愁天地無風月
君不見漢家平津侯
東閣冠蓋如雲浮
又不見當時大將軍
公卿雅拜如星奔
秖今雲散星亦散
也無鹿登臺榭羊登墳

金印　斗のごとく大なるは幾銭《いくせん》に直《あた》らん
錦嚢　山に斉《ひと》しきは今　幾篇ぞ
詩家は吟じて徹《つく》さざるを愁へず
只《た》だ天地に風月無きを愁ふ
君見ずや　漢家の平津侯
東閣に冠蓋の雲の如く浮かべるを
又見ずや　当時の大将軍
公卿　雅拝して星の如く奔《はし》れるを
秖《た》だ今　雲散じて星も亦た散じ
也《ま》た鹿の台樹に登れるも　羊の墳に登れるも無し

（楊万里「雲龍歌調陸務観」、『誠斎集』巻十九[10]）

「知厳州の大きな金印はいかほどの価値があるだろうか、山のようにふくらんだ錦の袋には何篇の詩がつまっているのだろうか。詩人にとっての愁いとは詩作の興が湧き起こっていつまでも詠い終われないことではない、天地に風がやみ、月が欠けることこそ愁いである」と、楊万里は陸游の外任を慰める。以下に続く句で、往時の王侯将相も世を去ればそのようすがも残らない、立身出世が何になろう、と楊万里が詠っていることからすると、やはり陸游はこの外任に対して不満を持っていたのかもしれない。しかしながら、「只《た》だ天地に風月無きを愁ふ」という詩句は、孝宗の諭旨を踏まえれば「風光明媚な土地に赴任するのだから、詩人たる君は何を愁う

ことがあろうか」という慰めとして解釈され、やはり当時の詩人陸游の高名ぶりを示している。(11)

ここでは、陸游が厳州赴任に不満があったか否かは問題にせず、周囲の人間の「詩が存分に詠めることだろう」との謂いが、陸游という詩人に対する名声の高さを裏付けることを確認しておきたい。知厳州拝命時において、詩人としての陸游がこのような確固たる評価を得ていたということは、換言すれば、詩人陸游がこの時点で既に一定数の読者を獲得し、かつその読者層と交友関係を結んでいたという注目すべき現象なのである。

時に陸游は六十二歳、致仕すべき七十歳が迫る老境に入っていること、陸游自身も詩に詠う通りである。(12) 試みに文学史上から当時の状況を俯瞰してみれば、「江西宗派図」を撰した「江西詩派」の重要人物たる呂本中が紹興十五年（一一四五）に世を去って四十年余り、陸游・楊万里に范成大を加えた南宋三大家が人生の円熟期にある。江西詩派から南宋三大家という、文学史上にも主流として位置づけられる存在であるが、以上に見てきたように、この淳熙十五年当時に限定しても、陸游は詩人として既に確固たる名声を築き上げていたのである。

三　『剣南詩稿』初編本から厳州刊本へ

それでは、陸游の同時代評価は実際にはどのようなものであったのか。ここでは、まず厳州刊本以前の陸游詩集について考えてみたい。先に村上哲見氏が、厳州刊本以前に『剣南詩稿』が編集されていた可能性について指摘していることを紹介したが、その指摘を、初編本と厳州刊本の関係に限定すれば、以下の二点に要約できる。

第一に、厳州刊本以前に、坊間の書肆が刻した版本が流布していたであろうこと。[13]

第二に、初編本は、その名のごとく蜀中の作品千首余りをまとめたものであり、鄭師尹序に言う「『剣南詩稿』六百九十四首、『続稿』三百七十七首」がそれに当たること。

筆者は村上氏の見解を踏まえた上で、初編本に関する史料を根拠として、厳州刊本以前の陸游詩集が流布した状況について考えたい。それは、周必大の陸游に宛てた書簡であるが、そこには初編本と思しき『剣南詩稿』、そして『続稿』及び『富沙新編』なる陸游の詩集についての言及が見られる。

『劍南詩稿』連日快讀、其高處不減曹思王・李太白、其下猶伯仲岑參・劉禹錫、何眞積頓悟、一至此也。前又從張鎡直閣借得『續稿』及『富沙新編』、所謂精明之至、反造疏淡、詩家事業、殆無餘蘊矣。

『剣南詩稿』連日快読す、其の高処は曹思王・李太白に減ぜず、其の下は猶ほ岑参・劉禹錫に伯仲す、何ぞ真に頓悟を積みて、一に此に至れる。前に又 張鎡直閣従《よ》り『続稿』及び『富沙新編』を借り得たり、所謂《いはゆる》精明の至り、反《かへ》って疏淡に造《いた》れる、詩家の事業、殆《ほとん》ど余蘊無からん。

（周必大「与陸務観書」、『省斎書稿』巻二）

この書簡において、周必大は初編本『剣南詩稿』を曹植・李白や岑参・劉禹錫の詩作にも劣らぬと絶賛する。さらに、張鎡から『続稿』と『富沙新編』を借り得たが、これも「詩歌の事業」が余すところ無く成就した名作であると褒めちぎっている。この『富沙新編』の「富沙」とは、福建省建安を指す。陸游は淳熙五年（一一七八）冬から翌年秋にかけ、提挙福建路常平茶事として当地に在った。当該時期の詩は八十五巻本『剣南詩稿』

の巻十一に収められており、『剣南詩稿』及び『続稿』に次いで「一官一集」の形で編集された詩集と推定される。[14] 周必大の書簡は、題下注によれば淳熙九年（一一八二）に送られたものであるが、陸游の建安赴任期の詩作をまとめた『富沙新編』が流布しており、かつ厳州刊本が刊刻される淳熙十四年以前であるので、矛盾はない。すなわち、厳州刊本が刊刻される五年前に、初編本『剣南詩稿』をはじめとする「一官一集」形式の陸游詩集が流布し、愛読された受容の一端をここに見ることができるのである。[15]

ちなみに、『続稿』と『富沙新編』を周必大に貸し与えた張鎡は、陸游の官界での遍歴を以下のように詩に詠んでいる。

子虚賦傳賜科第　　子虚　賦伝はりて科第を賜はり
始計兵説裨宸旒　　始計　兵説きて宸旒を裨《たす》く
傾城寵易妒亦速　　傾城　寵易《かは》りて　妒も亦た速く
巴蜀寄宦甌閩遊　　巴蜀に寄宦して甌閩に遊ぶ

（張鎡「陸編修送月石硯屏」、『南湖集』巻二）

「子虚　賦伝はりて」の句は、紹興三十二年（一一六二）に陸游が孝宗から進士出身を賜ったことを言い、また「始計　兵説きて」とは、隆興年間に主戦派の筆頭格である張浚を擁護したことを指すであろう。以降、弾劾の標的となった宦遊を、張鎡は「巴蜀に寄宦して甌閩に遊ぶ」と表現し、『剣南詩稿』と『富沙新編』に対応する形で総括している。

また、世代は下るが、同じ南宋人の林景熙（一二四二～一三一〇）の詩にも、陸游の官歴は以下のように対句にまとめられる。

輕裘駿馬成都花　　軽裘　駿馬　成都の花
冰甌雪椀建溪茶　　冰甌　雪椀　建渓の茶

（林景熙「読陸放翁詩巻後」、『林霽山集』[16] 巻三）

ここでは「成都の花」と「建渓の茶」が対になっており、やはり上述した詩集との対応関係を見て取れる。これらの詩に鑑みても、こうした詩集の流布が、陸游という詩人のイメージ形成に与えた影響は決して小さくなかったことが窺えるのである。

このような詩集の流布、及びその読者の受容・反応を視野に入れて考えると、陸游の詩集、とりわけその時点での全集を編集・刊刻した際に『剣南詩稿』というタイトルがそのまま踏襲されたのには、単に陸游個人の四川に対する思い入れの深さが純粋に反映されただけではなく、初編本『剣南詩稿』の流布を背景として、陸游詩の読者が「剣南、すなわち四川に宦遊した詩人」という陸游のイメージを形成していったことも大きく影響していたのではないだろうか。

四　厳州刊本への反応からみた陸游評価

厳州刊本『剣南詩稿』には、その第一の読者である友人たちの反応が詩作として残されている。例えば、韓元吉（一一一八～八七）と共に、陸游と旧交があった姜特立（一一二五～？）は、陸游から厳州刊本を贈られたことを詩に詠んでいる。

不躡江西籬下跡　江西　籬下の跡を躡まず
遠追李杜與翺翔　遠く李杜を追ひて与《とも》に翺翔す
流傳何止三千首　流伝　何ぞ三千首に止まらん
開闔無疑萬丈光　開闔　万丈の光を疑ふ無し
句到桐江贍深穩　句は桐江に到りて深穏を贍《あま》し
氣含玉壘舊飄揚　気は玉塁を含みて旧《もと》より飄揚たり
未須料理林間計　未だ須《もち》ゐず　林間の計を料理するを
早晩明堂要雅章　早晩　明堂　雅章を要す

（姜特立「陸厳州恵剣外集」、『梅山続稿』(17)巻二）

首聯は、陸游の詩歌が江西詩派のくびきを脱し、李白や杜甫と肩を並べんとする域に達していることを言う。

第三句の「流伝　何ぞ三千首に止まらん」という表現から、姜特立が手にする「剣外集」がおよそ三千首を収める厳州刊本に違いないことがわかる。頸聯には、陸游が厳州に赴任したことで詩作がさらに深みを増し、その英気が成都の玉塁山までを覆うほどに飄然としていることを詠い、厳州での『剣南詩稿』刊刻をそれぞれの地名を織り込んで対句を成している。尾聯は、まだまだ隠棲の計画を練るのは尚早であろう、早晩中央は君の文才を必要とするだろうから、と陸游を励ます形で締めくくられている。

行在所・臨安の近郊である厳州から、玉塁山の在る成都までを地図の上から俯瞰すれば、それは南宋王朝の版図を横断する壮大なものとなる。その西端である四川を踏破し、十年近く生活したという陸游の実体験は、江南を活動の中心とする文人たちには極めて貴重なものであり[18]、その体験が優れた詩人によって詩歌に織り込まれたことが、陸游詩の読者層に強い感銘をもたらしたのではないだろうか。

前出の楊万里も、厳州刊本の末尾に詩を書き付けているが、その詩には陸游がたどった旅路が、より詳細に描写される。

今代詩人後陸雲　　今代の詩人　後陸雲
天將詩本借詩人　　天　詩本を将《もっ》て詩人に借《ゆる》す
重尋子美行程舊　　重ねて尋ぬ　子美　行程の旧きを
盡拾靈均怨句新　　尽《ことごと》く拾ふ　霊均　怨句の新たなるを
鬼嘯狨啼巴峽雨　　鬼嘯《うそぶ》き　狨啼《な》く　巴峡の雨
花紅玉白劍南春　　花紅く　玉白し　剣南の春

錦囊繙罷清風起　　錦囊　繙《と》き罷はりて清風起こり
吹仄西窗月半輪　　吹仄す　西窓　月半輪なり

（楊万里「跋陸務観剣南詩稿二首」其一、『誠斎集』巻二十）

首聯、「陸雲の再来とも言うべき君に、天は詩本を与えて詩人たらしめた」[19]「詩本」、詩の材料となるべきものが、以下の頷聯と頸聯に描写される。「杜甫（子美）の足跡を訪ね、屈原（霊均）の怨みをすべて拾い集めた」と詠う旅程には、長江の水路に「巴峡の雨」、寄寓した四川に「剣南の春」という「詩本」が在った。第七句の「錦囊　繙き罷はりて清風起こり」という句は、こうした旅路の「詩本」から創られた詩歌が、厳州刊本として編集されたことを指して言うのであろう。

楊万里は、陸游が四川への宦遊を経て、天から授けられた道中の「詩本」を得ることで詩作を為したという認識を示している[20]。すなわち、陸游という詩人における、四川への宦遊及び寄寓体験こそが、彼を詩人たらしめたのだと考えているのであり、リアルタイムの読者が、陸游という詩人を四川への寄寓と結びつけて捉えていたことを如実に語る例であると言えよう。

さらに、楊万里がここで陸游の宦遊を「杜甫の足跡を訪ねた」と表現していることに注意したい。実際、連作の二首目においても、楊万里は杜甫を引き合いに出して陸游を慰めている。

剣外帰乗使者車　　剣外　帰乗す使者の車
浙東新得左魚符　　浙東　新たに得たり左魚の符

可憐霜鬢何人問　憐むべし　霜鬢　何人か問はん
焉用詩名絶世無　焉《いづ》くんぞ用ゐん　詩名の世に絶えて無きを
雕得心肝百雑碎　心肝を雕《ほ》り得て　百雑砕け
依前塗轍九盤紆　前《さき》の塗轍に依りて　九盤紆《めぐ》る
少陵生在窮如蝨　少陵　生在して窮すること蝨の如し
千載詩人拝蹇驢　千載　詩人　蹇驢を拝す

（楊万里「跋陸務観剣南詩稿二首」其二、『誠斎集』巻二十）

この詩は、四川から帰ってきた陸游が新たに知厳州を拝命し、絶世の詩名も虚しく年老いて時を過ごすのみであることに同情を寄せる内容である。尾聯において「杜甫は生前、虱のように寄生するしかないほどに困窮していたが、千年後の詩人も杜甫が乗ったびっこの驢馬に敬意を示すだろう」と、杜甫に事寄せて志を得ない陸游を励まそうとしている。ここでは、四川は杜甫の流寓した土地として捉えられている。そして、陸游が杜甫の流寓した地を踏破した詩人であるからこそ、「君の詩名もまた、千年後の詩人にも拝されるものとなるだろう」という楊万里の励ましが成立するのである。

杜甫を介在させた陸游評価については、劉応時（生卒年不詳）がより尖鋭な反応を示している。

蜀人至今亦好事　蜀人　今に至るも亦た事を好み
翠珉盛刻草堂詩　翠珉　盛んに刻す　草堂の詩

放翁前身少陵老　　放翁の前身　少陵老
胸中如覺天地小　　胸中　天地の小さきを覚ゆるが如し
平生一飯不忘君　　平生　一飯　君を忘れず
危言曾把姦雄掃　　危言　曾て姦雄をば掃ふ
周流斯世轍已環　　斯世を周流して轍 已に環《めぐ》り
一笑又入劍南山　　一笑　又入る剣南山

（劉応時「読放翁剣南集」第十五～二十二句、『頤庵居士集』[21]巻一）

劉応時は実に冒頭十四句を費やして杜甫の事跡を描写した上で（第六章を参照）、四川の人々が今でも杜甫の詩を愛し石に刻むことを詠う。そして「放翁の前身　少陵老」と、杜甫を陸游の前身だと断言するのである[22]。ここでは忠君愛国の姿勢をもって杜甫と陸游を重ね合わせており、前世そうであったように再び四川へと足を踏み入れることとなった、と陸游の入蜀を評価する。このように、陸游を杜甫に擬《なぞら》える評価においては、二人を、長期にわたって四川に寄寓したことをもって結びつけていることが見て取れ[23]、これより詩人陸游の評価における四川の重要性が再確認できよう。

以上を要するに、詩人としての陸游評価の内実は「剣南」、四川と強く結びついたものであり、四川に足を踏み入れ寄寓した体験こそが高い評価を得た淵源であったことが窺える。あるいは厳州刊本が『剣南詩稿』と題された以上、そのタイトルに沿った賞賛が用意されるのは当然のことなのかもしれない。しかし、初編本『剣南詩稿』が事前に流伝していたことを考慮に入れたならば、少なくとも陸游の（この淳熙十四年当時での）全集となる詩集のタイトルに、「剣南」が冠せられることを肯首するだけの評価が形成されていたと考えられよう。陸游は、「四川を踏破し寄寓した詩人」として高く評価され、その結果、『剣南詩稿』というタイトルが踏襲されたのである。

五　蔵書家・山陰陸氏と厳州の出版

当時の陸游評価の背景には、版本メディアの流布による一定数以上の読者層の存在がある。しかし、版本メディアというこの新たな媒体が、南宋期の文人社会においてどう位置づけられるかを考察するのは、大量の商業出版物が氾濫する現代社会に生きる我々にとって容易なことではない。

例えば、厳州刊本が何部印刷され、どのように流布したのか、現存する史料からはそうした具体的状況すらつかむことが難しい。先に紹介した周必大の書簡にて『続稿』及び『富沙新編』を彼に貸していた張鎡は、厳州刊本を手に入れることができなかったようで、ようやく借りて読むことができた喜びを詩に詠っている。

見説詩并賦　　見説《みるなら》く　詩并びに賦
嚴陵已盡刊　　厳陵　已に刊し尽《つく》せると
未能親去覓　　未だ親しく去きて覓《もと》むる能はざるも
猶喜借來看　　猶ほ喜ぶ　借り来たりて看るを

紙上春雲湧　紙上　春雲湧き
燈前夜雨闌　灯前　夜雨闌《たけなは》なり
莫先朝路送　朝路に送るを先んずる莫《なか》れ
政好遺閒官　政《まさ》に閑官に遺《おく》る好《べ》し

（張鎡「覓放翁剣南詩集」、『南湖集』巻四）

「朝廷に送るのを優先しないで下さい、私のような微官の者にこそくださるべきでしょう」と尾聯にあるが、厳州刊本は、孝宗はもちろん、おそらく知厳州拝命時に感謝の書簡を送ったような顕官に贈呈されたのであろう。友人の張鎡が入手できていないことに鑑みても、刊刻された数がそう多くはないことが想像される。

版本の流布した数量がある程度限定的であるということは、そのまま蔵書量の社会的価値の重さに直結する。陸游が序文を撰した『嘉泰会稽志』に、行在所と定めた臨安において秘書省の再建を図った高宗が亡佚した書籍を広く天下に募ったところ、陸游の父・陸宰が蔵書一万三千巻を献上したという記事が紹介されるように、陸游が所属する山陰陸氏は当時随一の蔵書を誇った。[24]

先に見た鄭師尹序に「幸ひに来者　斯文の大全なるを見ん」と言い、また「文字の伝襲して真を失ふは、類《おほむ》ね人の意を満たさず。其れ此くの如き書は、之の見《あらは》す所を得ば、以て信を伝へて疑ひ無き有り」と言う口吻からは、厳州刊本を陸游詩集の決定版とする発想を見て取れる。決定版という発想の裏には、「文字の伝襲して真を失ふ」ような、その他のテクストの流伝が前提になっている。ここまで、厳州刊本という陸游詩の集成の背後にある、版本の流伝が推し広げた読者層と作者との繋がりについて見てきたが、その紐帯となる版本というメディアの利用について、陸游が極めて有利な立場にあったこと、換言すれば、南宋初期において版本というメディアの恩恵を利用できた層が、依然限定的であったことについて最後に考えてみたい[25]。

知厳州在任の間、陸游は厳州刊本以外にも出版活動を展開しており、その成果は確認できる限り、『南史』・『世説新語』・『劉賓客文集』・『江諫議奏議』の四種が存在する。このうち『江諫議奏議』は、乾道六年（一一七〇）の夏に臨安で入手した書籍と、厳州在地の江公望の子孫から得た上表文や墓誌銘などに拠って刊刻したものである[26]。そして、残りの三種は厳州が所蔵していた版本の重刻であることが、次の跋文に見える。

郡中舊有『南史』・『劉賓客集』、版皆廢於火、『世説』亦不復在。游到官始重刻之、以存故事。『世説』最後成、因并識於巻末。淳熙戊申重五日新定郡守笠澤陸游書。

郡中旧《もと》『南史』・『劉賓客集』有り、版 皆火に廃せり、『世説』も亦た復た在らず。游 官に到り始めて重ねて之を刻し、以て故事を存せんとす。『世説』最後に成る、因りて并せて巻末に識《しる》す。淳熙戊申（十五年）重五日新定郡守 笠沢 陸游書す。

（陸游「跋世説新語」）

厳州旧蔵であったこれらの書物は、火災に遭ったために「版」が失われていた。版木ごと失われた書物を「重刻」するには、同じ版を蔵している必要があり、もって陸游の蔵書量の豊富さが窺えよう。そもそも、この三種の書物のうち、『世説新語』と『劉賓客文集』は、先任者である董弅《とうふん》によって刊刻されたものであり、そして董弅もまた、父・董逌《とうゆう》が『広川蔵書志』や『広川書画跋』を撰しているように、蔵書家の子として生まれた文人であった。[27]董弅による刊刻は、在任中の紹興八年（一一三八）のことであり、陸游の重刻はそれから実に四十年もの時間を経ている。版本の刊刻が蔵書家から蔵書家へと継承されているように、まだまだそのメディアとしての流布が限定的であったことを裏付ける事例であると言えよう。奇しくも、陸游の厳州赴任からさらに三十年後、末子の陸子遹がこの厳州にて『剣南続稿』四十八巻を含む十一種もの書物を刊刻しており、董弅から陸游に継承された厳州の官刻は、当代随一の蔵書を誇った山陰陸氏によってさらなる発展を見たのである。

以上、陸游の厳州赴任と厳州刊本『剣南詩稿』の刊刻について、版本というメディアとの関連に焦点を絞って見てきた。総括すれば、知厳州拝命の時点で陸游は既に詩人としての名声を博していたが、その評価形成の一翼を担ったのが初編本『剣南詩稿』であり、彼の四川での寄寓体験は杜甫の流寓にも重ねられて、詩人としての名声に大きく寄与した。このように、版本の流伝により構築された読者層による評価の形成が、その時点での決定版とも言うべき厳州刊本刊刻の背景に在ったと考えられるのである。また、文人の版本の利用という観点から見ると、当代随一の蔵書家であった陸游はその活用に極めて有利であり、当時流布していたであろう坊刻本に対する決定版の刊刻という、版本というメディアの自覚的な活用が可能な立場にあったのである。要するに、厳州刊本は本人が健在のうちに刊刻された詩集の決定版という意味を持ち、文人と版本との関係を示す好個の事例と言うことができるだろう。すなわち、文人による版本というメディアの積極的活用の萌芽を、厳州刊本『剣南詩稿』の刊刻に見ることができるのである。[28]

注

（1）文学作品が詩文集に収められるまでの、草稿から定本への編集過程とそれに伴うテクスト観の変容については、浅見洋二氏の以下の諸論文を参照。
a「『焚棄』と『改定』――宋代における別集の編纂あるいは定本の制定――」（『中国の詩学認識』、創文社、二〇〇八年）
b「黄庭堅詩注の形成と黄罃『山谷年譜』――真蹟・石刻の活用を中心に――」（中国文史哲研究会『集刊東洋学』第一〇〇号、二〇〇八年）
c「校勘から生成論へ――宋代の詩文集注釈、特に蘇黄詩注における真蹟・石刻の活用をめぐって――」（東洋史研究会『東洋史研究』第六十八巻第一号、二〇〇九年）
d「中国宋代における生成論の形成――欧陽脩『集古録跋尾』から周必大編『欧陽文忠公集』へ――」（岩波書店『文学』第十一巻第五号、二〇一〇年）

（2）村上哲見「陸游『剣南詩稿』の構成とその成立過程」（『小尾博士古稀記念中国学論集』、汲古書院、一九八三年）及び「ふたたび陸游『剣南詩稿』について――附『渭南文集』雑記――」（『神田喜一郎博士追悼中国学論集』、二玄社、一九八六年、両篇とも後『中国文人論』〔汲古書院、一九九四年〕所収）。

（3）嘉定元年（一二〇八）に楊長孺が編集し、端平元年（一二三四）に羅茂良による校正を経て刊刻された。現在、宮内庁書陵部に蔵される（一部、抄本による補佚有り）。

（4）この蘇林が蘇軾の弟・蘇轍の玄孫にあたる人物であることは、注（2）前掲村上論文に指摘がある。

（5）版本という印刷メディアと文学の関係については、内山精也氏が「蘇軾の文学と印刷メディア――同時代文学と印刷メディアの邂逅――」（『蘇軾詩研究――宋代士大夫詩人の構造――』、研文出版、二〇一〇年）などの一連の論考において、蘇軾の文学作品を対象として、北宋中期に出現した文学作品が印刷メディアの普及により不特定多数の読者を獲得したことについて論じている。

（6）本書第一章に論じた、刊刻された『楚東唱酬集』を読んだ張孝祥が王十朋と唱和するという、版本の流伝により読者の反応が文学活動に組み込まれた事例を想起されたい。

（7）周必大の文章については、文淵閣『四庫全書』所収『文忠集』のテキストに拠った。

（8）例えば、邱鳴皐『陸游評伝』（中国思想家評伝叢書、南京大学出版社、二〇〇二年）は、陸游の厳州赴任を「陸游在上任之前、入京陛辞的時候、宋孝宗対陸游説、『厳陵、山水勝処、職事之暇、可以賦詠自適。』孝宗似乎忘了陸游是位矢志抗金的志士、給他選了一方宝地、讓他逍遥自適、写詩作賦去了（陸游が赴任する前に入朝して皇帝に辞する際、孝宗は陸游に「厳陵は山水の勝れる処、職事の假、賦詠を以て自適すべし」と言った。孝宗は陸游が対金抗戦の志士であることを忘れ、彼を風光明媚な土地に赴かせ、悠々自適に詩を作らせようとしたのである）」と評する。

(9)『南湖集』は、文淵閣『四庫全書』所収のテキストに拠った。

(10)『誠斎集』のテキストは、辛更儒箋校『楊万里集箋校』（北京中華書局、二〇〇七年）に拠った。

(11) この他にも、趙蕃（一一四三～一二二九）「呈陸厳州五首」（其一、『淳熙稿』巻二）が、「人」と「江山」の関係を以下のように論じ、陸游の着任を得て厳州の輝きは倍になったと詠うのも、孝宗の諭旨を意識しての詩作と考えられる。

江山不因人　江山 人に因らずんば
何以相發揮　何を以てか相発揮せん
人而非江山　人 而して江山に非ざれば
興亦無所歸　興 亦た帰する所無し
是故新定郡　是の故に新定の郡
得公倍光輝　公を得て光輝を倍にす
豈惟江山然　豈に惟だ江山のみ然りならん
鷗鳥亦依依　鷗鳥も亦た依依たり

(12)「燈火青熒古屋深、挂冠境界已駸駸（灯火の青熒古屋深く、挂冠の境界已に駸駸たり）」（「病中偶書」）や、「疏嬾元當與世辭、殘年況近乞身期（疏嬾元より当に世と辞するべし、残年況んや乞身の期に近きをや）」（「早春池上作」、以上共に『剣南詩稿』巻十八）などの詩句に見える。

(13) 村上氏は陸游「謝王枢使啓」（『渭南文集』巻十）の「篤好文辭、自是書生之一癖、裴然妄作、本以自娯。流傳偶至於中都、鑒賞遂塵於乙夜（文辞を篤く好む、自ら是れ書生の一癖なれば、裴然として妄りに作り、本より以て自ら娯しむ。流伝して偶たま中都に至り、鑑賞遂に乙夜を塵《けが》す）」という記述や、葉紹翁『四朝聞見録』巻乙の「宦劍南、作爲歌詩、皆寄意恢復。書肆流傳、或得之以御孝宗。上乙其處而韙之（剣南に宦し、作りて歌詩を為す、皆意を恢復に寄す。書肆流伝せしめ、或ひと之を得て以て孝宗に御す。上 其の処に乙して之を韙《よ》しとす）」を引用してその証左とする。

(14) 現行の八十五巻本『剣南詩稿』巻二の十七首目「将赴官夔府書懐」（夔州への赴任の旅を始める時点での詩）から巻七までに収める詩が計六百九十六首、巻八から十までの所収詩が三百七十六首であり、これは鄭師尹序にある『剣南詩稿』初編本（六百九十四首）及び『続稿』（三百七十七首）と数量がほぼ一致する。

(15) また、蜀中の詩作を編集した「一官一集」形式の初編本から、厳州刊本への『剣南詩稿』というタイトルの継承が一直線上にあるものではないことを示唆する点で、『富沙新編』に触れている周必大の書簡は極めて貴重な史料であると言える。

(16)『林霽山集』は、文淵閣『四庫全書』所収のテキストに拠った。

(17)『梅山続稿』は、文淵閣『四庫全書』所収のテキストに拠った。

(18) 南宋の四川が一種の閉鎖性を有していたことについては、本書第四章を参照。

(19)「墨池揚子雲、雲閒陸士龍（墨池の揚子雲、雲間の陸士龍）」（「雲龍歌調陸務観」、『誠斎集』巻十九）や、「聞道雲閒陸士龍、釣臺絶頂嘯清風（聞道《きくなら》く雲間の陸士龍、釣台の絶頂に清風を嘯《うそぶ》くと）」（「簡陸務観史君編修」、『誠斎集』巻二十）などのように、楊万里はしばしば陸游を西晋の陸雲に擬える。

(20) この詩に見える、詩が「拾得」されること、そして自然の風景の中に「詩の素材」が存在するという宋代特有の観点については、浅見洋二氏が考察を加えている。同氏「詩を拾得するということ、ならびに詩本、詩材、詩料——楊万里、陸游を中心に——」（『中国の詩学認識』、創文社、二〇〇八年）を参照。

(21)『頤庵居士集』は、文淵閣『四庫全書』所収のテキストに拠った。

(22) 結句にて、「君不見塔主不識古雲門、異時衣鉢還渠紹（君見ずや塔主　古の雲門を識らざるも、異時　衣鉢　還た渠《それ》紹《つ》げり）」と、「雲門」宗の開祖の文偃と「塔主」薦福承古が時を隔てながら禅宗の教えを継承したことに擬えて、杜甫と陸游の関係を総括している。

(23) 陸游が杜甫同様、幕職という微官に甘んじたという経歴も、二人を結びつけた評価に繋がったと考えられる。

(24)『嘉泰会稽志』巻十六「求遺書」の項を参照。また、同巻「蔵書」の項にも、紹興の蔵書家として陸氏と石氏、諸葛氏の三家を挙げ、その蔵書を今も失わずに伝えているのはただ陸氏だけだと紹介する。顧志興『浙江蔵書史』（杭州出版社、二〇〇六年）を併せて参照。

(25) 南宋文人による出版活動、とりわけ山陰陸氏の出版活動に関しては、以下の諸本を参照した。

a 張秀民「宋孝宗時代刻書述略」（『張秀民印刷史論文集』、印刷工業出版社、一九八八年）

b 宿白『唐宋時期的雕版印刷』（文物出版社、一九九九年）

c 張麗娟・程有慶『中国版本文化叢書　宋本』上編「陸游父子的蔵書与刻書」（江蘇古籍出版社、二〇〇二年）

d 張秀民著、韓琦増訂『中國印刷史』（上下巻、浙江古籍出版社、二〇〇六年）

e 朱迎平『宋代刻書産業与文学』第八章第六節「陸游父子与刻書」（中国伝統文学与経済生活研究叢書、上海古籍出版社、

二〇〇八年）

(26) 陸游「跋釣臺江公奏議」（『渭南文集』巻二十七）に、「某乾道庚寅夏、得此書於臨安。後十有七年、蒙恩守桐廬、訪其家、復得三表及贈告墓志、因并刻之、以致平生尊仰之意（某 乾道庚寅の夏、此の書を臨安に得たり。後十有七年、恩を蒙りて桐廬に守たり、其の家を訪ひ、復た三表及び贈告の墓志を得、因りて并せて之を刻し、以て平生尊仰の意を致さん）」とある。

(27) 董弅の『世説新語』の跋文（紹興八年四月）には、「余家舊藏、蓋得之王原叔家、後得晏元獻公手自校本、蓋去重復、其注亦小加翦截、最爲善本（余が家の旧蔵、蓋し之を王原叔の家に得ん、後に晏元献公の手自《てづ》から校せる本を得、蓋し重復を去り、其の注も亦た翦截を小加せん、最も善本と為す）」とあり、『劉賓客文集』の跋文（紹興八年九月）には「余家所藏固匪盡善、既爲刻印。因訪於郡居士大夫家、復遠假於親舊、凡得十餘本、躬爲校讎、是正確可讀（余が家の蔵する所は固より尽善に匪《あら》ざるに、既に刻印を為す。因りて郡居の士大夫の家を訪ひ、復た遠く親旧に仮り、凡そ十余本を得、躬《みづか》ら校讎を為す、是れ正確にして読むべし）」とある。また、董逌・董弅父子については、『宋史翼』巻二十七に伝がある。

(28) 陸游と同世代の朱熹（一一三〇～一二〇〇）は、自らの学説を広めるために版本メディアを積極的に活用している。小島毅「思想伝達媒体としての書物——朱子学の『文化の歴史学』序説——」（『宋代社会のネットワーク』、宋代史研究会研究報告集第六集、一九九八年）、「朱子学の展開と印刷文化」（『知識人の諸相——中国宋代を基点として——』、勉誠出版、二〇〇一年）を参照。

第六章　南宋の陸游評価における入蜀をめぐって――宋代杜甫詩評を手がかりとして――

一　問題の所在

南宋の文人・陸游の一万首近い詩作を収める詩集は、全集でありながら『剣南詩稿』という「一官一集」の旧題を踏襲している。[1]このことをめぐって、筆者はまず、陸游の四川に対する慕情を支えた、彼と四川人士との交流について検討した。[2]次いで、陸游の知厳州在任時（淳熙十四年〔一一八七〕）における二十巻本『剣南詩稿』の刊刻について、当該時期の陸游評価が「四川を踏破した詩人」という側面を強調して形成されたものであり、『剣南詩稿』という旧題の踏襲に、陸詩の読者層による評価形成が介在していたことを指摘した。[3]

本章は、陸游に対する「四川を踏破した詩人」という評価の中に、やはり四川に流寓した経歴を持つ杜甫と重ね合わせたものがあることに着目し、宋代における杜甫詩評を手がかりとして、[4]陸游の入蜀、彼が四川を踏破したことが、南宋初中期においていかなる意味を有するのかについて考察を加えるものである。また、浅見洋二氏は、「形似」をキーワードとして、宋代における詩歌が描写する「想像」の世界と現実世界を並置する観点から、「作品と作品の描写対象との間に横たわる空間的距離を超えて移動し直接に自分自身の眼で描写対象を見ること、そのうえで作品と作品の描写対象とを見比べる」議論が宋代詩評に見られること、その結果「詩について現実との対応関係が問題化されるに至ったこと、詩に対応する現実の個別性・多様性が問題化されるに至ったこと」について指摘している。[5] これを承ければ、宋代には、詩を作るため、読むために、詩に対応する現実を把握するための実地踏破、とりわけ官僚としての行旅が意義を有するようになったと想定される。ここから、前章に検討したような陸游評価が示唆する、詩歌の創作における実地踏破の重視、行旅への肯定的な評価についても論じたい。

二　陸游の同時代評価と杜甫

まずは、前章でも扱った友人たちによる陸游評価において、両者が長期にわたって四川に寓居したことをもって陸游を杜甫に擬えているものについて再度確認したい（以下、第五章と重複する資料は訓読のみ掲げる）。

陸游より二歳若い友人であり、南宋三大家の一人でもある楊万里（一一二七～一二〇六）は、陸游が厳州にて刊刻した二十巻本『剣南詩稿』に詩を書き付けている。その一首目には、陸游がたどってきた旅路が描写されている。

今代の詩人　後陸雲
天　詩本を将《もっ》て詩人に借《ゆる》す
重ねて尋ぬ　子美　行程の旧きを
尽《ことごと》く拾ふ　霊均　怨句の新たなるを
鬼嘯《うそぶ》き　狨啼《な》く　巴峡の雨
花紅く　玉白し　剣南の春
錦嚢　緡《と》き罷はりて清風起こり
吹仄す　西窓　月半輪なり

（楊万里「跋陸務観剣南詩稿二首」其一、『誠斎集』(6) 巻二十）

第二句にある、天が詩人に与えた「詩本」とは、「杜甫（子美）の足跡を訪ね、屈原（霊均）の怨みを拾い集めた」旅程において出逢った「巴峡の雨」、「剣南の春」であった。長江流域の水路という詩本が『楚辞』の作者とされる屈原と、そして四川の春景色という詩本が杜甫と重ね合わされていることに注意したい。四川に寓居した、ということを、あの杜甫と同じ道のりをたどったこととして、楊万里は評価しているのである。

さらに、連作の第二首においても、楊万里は陸游を杜甫に擬える表現を用いて激励の辞としている。

剣外　帰乗す使者の車
浙東　新たに得たり左魚の符

憐むべし　霜鬢　何人か問はん
焉《いづ》くんぞ用ゐん　詩名の世に絶えて無きを
心肝を雕《ほ》り得て　百雑砕け
前《さき》の塗轍に依りて　九盤紆《めぐ》る
少陵　生在して窮すること蝨の如し
千載　詩人　蹇驢を拝す

（楊万里「跋陸務観剣南詩稿二首」其二、『誠斎集』巻二十）

第二首は、四川から帰ってきた陸游が知厳州を拝命するまでの遍歴を述べ、同情を寄せる内容である。尾聯において楊万里は、陸游が絶世の詩名を持ち、かつ官界にて紆余曲折を経た様を杜甫に擬え、「杜甫は生前、虱のように寄生するしかないほどに困窮していたが、千年後の詩人もびっこの驢馬に乗った彼に敬意を示すだろう」と、年老いた陸游を励まそうとしている。そして、この第二首においても、第六句に「前の塗轍に依りて九盤紆る」と詠われるように、陸游の官遊の旅程が杜甫のそれと重なるがゆえに、楊万里は両者を重ねた比喩表現を用いることができるのである。

そして、『剣南詩稿』の読者で、杜甫を介在させて陸游を評価した劉応時（生卒年不詳）は、両者の関係をさらに直接的な比喩で表している。

少陵先生赴奉天　少陵先生　奉天に赴き

烏帽麻鞋見天子
乾坤瘡痍塞目慘
人煙蕭瑟胡塵起
八月之吉風凄然
北征徒步走三川
夜經戰場霜月冷
累累白骨生蒼煙
五載栖栖客蜀郡
騎驢日候平安信
喜聞諸將收山東
拭泪一望長安近
瞿唐想見放船時
回首夔府多愁思
蜀人至今亦好事
翠珉盛刻草堂詩
放翁前身少陵老
胸中如覺天地小
平生一飯不忘君

烏帽　麻鞋　天子に見《まみ》ゆ
乾坤の瘡痍　目を塞ぎて慘まし
人煙蕭瑟として胡塵起つ
八月の吉　風凄然たり
北征　徒歩　三川を走る
夜に戦場を経て霜月冷たく
累累たる白骨　蒼煙生ず
五載　栖栖として蜀郡に客たり
驢に騎りて日に候《うかが》ふ　平安の信
聞くを喜ぶ　諸将の山東を収むるを
泪《なみだ》を拭きて一望せば長安近し
瞿唐　想見す　船を放つ時
首《こうべ》を回《めぐ》らせば夔府　愁思多し
蜀人　今に至るも亦た事を好み
翠珉　盛んに刻す　草堂の詩
放翁の前身　少陵老
胸中　天地の小さきを覚ゆるが如し
平生　一飯　君を忘れず

危言曾把姦雄掃
周流斯世轍已環
一笑又入劍南山
酒杯吸盡錦屏秀
孤劍聲鏘峽水寒
萬丈虹霓蟠肺腑
射虎劊鯨時一吐
我雖老眼向昏花
夜窗吟哦雜風雨

危言　曾て姦雄をば掃ふ
斯世を周流して轍 已に環《めぐ》り
一笑　又入る剣南山
酒杯　吸ひ尽くして　錦屏秀なり
孤剣　声鏘として　峡水寒し
万丈の虹霓　肺腑に蟠《わだかま》り
虎を射　鯨を劊《き》り　時に一吐す
我 老眼の昏花に向かふと雖も
夜窓に吟哦して風雨雑《まじ》ふ

（劉応時「読放翁剣南集」、『頤庵居士集』[7]巻一）

冒頭十四句において、劉応時は杜甫の事跡を詳細に描写している。そして、四川の人々が今なお杜甫の詩を愛して石に刻むことを詠い[8]、「放翁の前身　少陵老」と、陸游の前身が杜甫であると断定するのである。ここでは「平生　一飯　君を忘れず、危言　曾て姦雄をば掃ふ」と、忠君愛国の姿勢をもって二人を重ね合わせた上で、「斯世を周流して轍 已に環《めぐ》り、一笑　又入る剣南山」と詠うように、やはり劉応時の詩においても、二人が踏んできた旅程の重なり、とりわけ四川に寄寓したことをもって陸游を杜甫に擬えていることが窺えるのである。

もちろん、陸游が当時既に高名な詩人であったこと、また四川での官職が共に幕職という微官に甘んじていたこと、さらには劉応時が描写するように、共に忠君愛国の姿勢を賛美されたことなど、杜甫と陸游には多くの共通する点があるからこそ、二人を重ね合わせた表現が成立することは言うまでもない。しかし、陸游が「四川を踏破し寓居した詩人」として高く評価される際に、それが「杜甫の足跡をなぞった」と表現されることには注意を要する。ここには、陸游を「杜甫以来の大詩人」と賞賛する意識とは別に、「四川は杜甫が寓居した土地」である、との認識が表れているからである。換言すれば、陸游が「杜甫の足跡をなぞった」との謂いからは、彼が「杜甫が寓居した土地」に実際に足を踏み入れたこと、則ち実地踏破の重視を見て取ることができる。[9]

先に、浅見氏の指摘する、作品と現実世界の描写対象とを並べて見比べる詩の読み方が宋代詩評に見られることを紹介したが、その中で描写対象を確認すべく自らその場所を訪ね、比較した上で作品を鑑賞する姿勢が確立した。これを要すれば、「実地踏破」が尊ばれる風潮がこの当時現れたということである。こうした傾向は、まさしくこの頃の杜甫詩評に端的に表れているのである。

信乎、不行一萬里、不讀萬卷書、不可看老杜詩也。

信《まこと》なるかな、一万里を行かず、万巻の書を読まずんば、老杜の詩を看るべからざるなり。

（阮閲『詩話総亀』[10]巻二）

阮閲は北宋末から南宋初の人であるが、彼が編集した『詩話総亀』には、『王直方詩話』から引用した批評が載せられる。[11] ここには、「一万里を行く」こと、そして「万巻の書を読む」ことが杜甫の詩を読むための条件として提示される。つまり、杜甫がたどった道のりを追体験する「実地踏破」、用典の巧みな杜甫の頭脳を理解するための「読書」が杜詩を読むために必要な素養として、並称されているのである。[12]

この杜甫詩評に挙げられる条件のうち、後者の「万巻の書を読む」ことについては、既に杜甫自身が「讀書破萬卷、下筆如有神（読書 万巻を破り、筆を下さば神有るが如し）」と言うように[13]、早くから作詩のための素養として認識されていた。如上の杜甫詩評には、これに「一万里を行く」こと、様々な土地に実際に足を踏み入れたという体験が杜詩を読むための素養として加えられている。[14]試みに宋代杜甫詩評を通覧すれば、宋人が杜甫自身の実地踏破体験を、詩人・杜甫の形成要素として重視していることが確認できる。

天台、自孫興公一賦之後、寂寥無聞。詩人已來、獨有杜子美・蘇東坡數章、妙絕今古。而子美崎嶇兵亂、轍迹半天下、獨未嘗至其處、而東坡亦述夢中語耳。

天台、孫興公の一賦の後自《よ》り、寂寥として聞こゆる無し。詩人已来、独《た》だ杜子美・蘇東坡の数章、今古に妙絶たる有るのみ。子美 兵乱に崎嶇し、轍迹 天下に半ばす、独《た》だ未だ嘗て其の処に至らず、東坡も亦た夢中の語を述ぶるのみ。

（孫覿「与李主管挙之」、李祖尭『内簡尺牘』巻九）

書簡において孫覿（一〇八一〜一一六九）は、東晋の孫綽（孫興公）「遊天台山賦」（『文選』巻十一）以来、素晴らしい詩文は杜甫・蘇軾の数章だけだが、杜甫は天台山に足を踏み入れておらず、蘇軾も夢に詣でただけ[15]、と言う。ここで孫覿は、「轍迹 天下に半ば」した杜甫ですら、天台山は未踏であるという修辞を用いており、ここからは、杜甫が旅多き詩人であるという認識が共通のものであったことが見て取れよう。

また、実地踏破が杜甫の創作を手助けした、という観点も見られる。

自古經行天下、其著者惟司馬子長・杜子美爲廣、其文若詩、皆宏偉洪博稱之、豈不有所助哉。

古自《よ》り天下を経行し、其れ著す者は惟《た》だ司馬子長・杜子美のみ広為《た》り、其の文 詩の若し、皆 宏偉洪博もて之を称す、豈に助くる所有らざらんや。

（王質「西征叢紀序」、『雪山集』巻五）

王質（一一三五～八九）は、司馬遷（司馬子長）と杜甫（杜子美）を並べて、「天下を経行」した経験が彼らの文章創作に大いに資するところがあったと分析する。ここでも、実地踏破体験は詩人にとって重要なものであるとされている。このような感覚を踏まえれば、先に見た陸游評価における杜甫との重ね合わせは、まさしく陸游が「杜甫の足跡をなぞった」、実地踏破を成し遂げたことに重きを置いており、この場合は杜甫という大詩人の存在、そして四川という地域が限定条件となるものの、詩作における実地踏破の重視の表れとして理解できるのである。

三　宋代杜甫詩評と四川

前節に見た同時代人が重視した陸游の実地踏破とは、「杜甫が同じように足を踏み入れた四川」への踏破であった。本節では、陸游の四川への実地踏破がいかなる要素をもって重要な意義を有し得たのかについて、宋代杜甫詩評を通して考えてみたい。

宋代に起こった詩歌が描写する想像の世界と現実世界の接近という観点から見れば、「詩史」と称された杜甫の詩は、[16]現実と極めて近接したものであると宋代文人に認識されていた。それは陸游自身の発言にも認められる。

此圖吾家舊藏。予居成都七年、屢至漢昭烈惠陵、此柏在陵旁廟中忠武侯室之南、所謂「先主武侯同閟宮」者、與此略無小異、則畫工亦當時名手也。淳熙六年龍集己亥六月一日陸某識。

此の図 吾が家の旧蔵なり。予 成都に居ること七年、屢《しば》しば漢昭烈の恵陵に至れり、此の柏 陵旁の廟中忠武侯室の南に在り、所謂《いはゆる》「先主　武侯　閟宮を同じうす」は、此と略《ほぼ》小異無し、則ち画工も亦た当時の名手なり。淳熙六年龍集己亥六月一日陸某識《しる》す。

（陸游「跋古柏図」、『渭南文集』巻二十六）

杜少陵在成都有兩草堂、一在萬里橋之西、一在浣花、皆見於詩中。萬里橋故迹湮沒不可見、或云房季可園是也。

杜少陵 成都に在るに両《ふた》つの草堂有り、一は万里橋の西に在り、一は浣花に在り、皆 詩中に見ゆ。万里橋の故迹は湮没して見るべからず、或いは云ふ 房季可の園是《これ》なりと。

（陸游『老学庵筆記』[17]巻一）

前者において、陸游は諸葛亮の武侯祠にある古柏を描いた絵画が、杜甫の「古柏行」（『杜詩詳注』巻十五）の句、そして陸游自らの実見と一致することから、この絵画が「当時の名手」の手によるものであると推定している。また後者では、杜甫の住んでいた草堂が二つあることを杜詩から確認し、彼が見た成都における草堂の現在の様子について検証している。すなわち、杜詩が現実を写し取るがゆえに、彼が描写した風景を実見し照合することができる、と陸游は考えており、その上で杜詩の写実性を信頼し、地理的状況を確認する上での資料として用いているのである。こうした認識は宋代杜甫詩評に散見される。

杜甫「越王樓」詩云、「綿州州府何磊落、顯慶年中越王作。孤城西北起高樓、碧瓦朱甍照城郭。樓下長江百丈清、山頭落日半輪明。君王舊跡今人賞、轉見千秋萬古情。」『綿州圖經』云、「越王臺在綿州城外、西北有臺、高百尺、上有樓、下瞰州城。唐顯慶中、太宗子越王眞任綿州刺史日作。」詩云「孤城西北起高樓、碧瓦朱甍照城郭」是也。

杜甫「越王楼」詩に云ふ、「綿州州府　何ぞ磊落たる、顕慶年中　越王作れり。孤城の西北　高楼起ち、碧瓦　朱甍　城郭を照らす。楼下の長江　百丈清く、山頭の落日　半輪明らかなり。君王の旧跡　今人賞す、転《うた》た見ゆ　千秋　万古の情」と。『綿州図経』に云ふ、「越王台　綿州の城外に在り、西北に台有り、高さ百尺、上に楼有り、下に州城を瞰《み》る。唐　顕慶中、太宗の子　越王真　綿州刺史に任ぜらるるの日作れり」と。詩に「孤城の西北　高楼起ち、碧瓦　朱甍　城郭を照らす」と云ふは是《これ》なり。

（姚寛『西渓叢語』[18]巻上）

姚寛（一一〇五～六二）は杜甫「越王楼歌」詩（『杜詩詳注』巻十一）の「孤城の西北 高楼起ち、碧瓦 朱甍城郭を照らす」という描写を検証するのに、『綿州図経』という地理書を用いている。先に見た陸游の発言は、彼自身の実見という体験と杜詩とが照合されていたのに対し、ここでは図経という地理書をもって実見という体験に代えている。

杜詩舟行、多用百丈。問之蜀人云、「水峻、岸石又多廉稜、若用索牽、即遇石輒斷不耐、故劈竹爲大瓣、以麻索連貫其間、以爲牽具、是名百丈。」百丈、以長言也。

杜詩の舟行、多く百丈を用ふ。之を蜀人に問はば云ふらく、「水峻《けわ》しく、岸石 又廉稜なる多し、若《も》し索を用《もつ》て牽かば、即《も》し石に遇はば輒ち断たれて耐へず、故に竹を劈《さ》きて大瓣と為し、麻索を以て其の間を連貫し、以て牽具と為す、是れ百丈と名づく」と。百丈、長きを以て言ふなり。

（程大昌『演繁露』巻十六　百丈）

杜詩に見える「百丈」について[19]、竹製のひきづなであることを説明している文章である。程大昌（一一二三～九五）は、長江上流域の舟行を実見しているであろう蜀人に尋ねることで、杜詩に描写される「百丈」を現実世界と照らし合わせている。つまり、他者による実見という体験と杜詩が重ねられているのである。

ここまで見たのは、杜詩が描写する世界と現実世界（もしくはその代替としての書籍や他者の体験）とを照合する例であり、仮にこの二つの世界を円形に譬えるならば、杜詩の世界と現実世界の円はほぼぴったり重なり合う関係にあると言えよう。前節で紹介した「不行一萬里、不讀萬卷書、不可看老杜詩也」という杜詩評も、「一万里」という広大な現実世界を踏破して初めて、杜詩が描写する世界の円の大きさにやっと到達する、という修辞である。しかし、以下に見る杜詩評においては、むしろ現実世界の円のほうが大きく、それに合わせて杜詩の描写する世界を拡張して解釈していると思われるのである。

『漫叟詩話』云、「家家養烏鬼、頓頓食黄魚。」世以烏鬼爲鸕鷀、言川人養此取魚。予崇寧閒往興國軍、太守楊鼎臣字漢傑、一日約飯鄉味、作蒸猪頭肉、因謂予曰、「川人嗜此肉、家家養猪。」杜詩所謂「家家養烏鬼」是也。毎呼猪則作烏鬼聲、故號猪爲烏鬼。

『漫叟詩話』に云ふらく、「家家　烏鬼を養ひ、頓頓　黄魚を食らふ」と。世　烏鬼を以て鸕鷀と為す、言ふこころは川人　此を養ひて魚を取ると。予　崇寧の間　興国軍に往けり、太守　楊鼎臣　字は漢傑、一日　郷味を飯《くら》ふを約し、猪頭の肉を蒸せるを作らしむ、因りて予に謂ひて曰く、「川人　此の肉を嗜む、家家　猪を養ふ」と。杜詩に所謂《いはゆる》「家家　烏鬼を養ふ」とは是《これ》なり。猪を呼ぶ毎《ごと》に則ち烏鬼の声を作《な》す、故に猪を号して烏鬼と為すなり。

（胡仔『苕渓漁隠叢話』[20]前集巻十二）

胡仔（一一一〇～七〇）は『漫叟詩話』（撰者未詳）を引用して、杜甫「戯作俳諧体遣悶二首」（其一、『杜詩詳注』巻二十）に見える「烏鬼」の解釈について紹介する。『漫叟詩話』の作者は、「鸕鷀」、魚を捕る鵜であるという説があることを述べた上で、崇寧年間（一一〇二～〇六）に興国軍を訪ねた折に、楊鼎臣に豚肉を振る舞われ、「家家　猪を養ふ」と説明された体験から、杜詩の「烏鬼」は「猪」、豚のことであるとの結論を下している。[21]この「烏鬼」をめぐって、作者は「世 烏鬼を以て鸕鷀と為す」、一般的な解釈があることを知っていながら、自らの体験に基づく解釈を優先させており、『漫叟詩話』作者は浅見氏の言う「現実の個別性・多様性」に即して新たな杜詩解釈を生み出している。ここでは、自らが体験した現実世界に、詩歌創作の想像した世界が当てはめられる形で作品が読まれているのである。

杜子美「無風雲出塞、不夜月臨關。」王子韶云、「無風、谷名。不夜、城名。嘗親至其地。」
杜子美いふらく「無風　雲　塞を出で、不夜　月　関に臨む」と。王子韶云ふ、「無風は、谷の名なり。不夜は、城の名なり。嘗て親しく其の地に至る」と。
（邵博『邵氏聞見後録』[22]巻十八）

もう一例は、杜甫「秦州雑詩二十首」（其七、『杜詩詳注』巻七）の「無風雲出塞、不夜月臨關」の解釈についての杜詩評である。邵博（?～一一五八）は王子韶の「無風」と「不夜」が地名であるという説を紹介し、その根拠として、彼が「無風谷」と「不夜城」に実際に足を踏み入れたと主張したことを説明している。この杜詩の一聯は「風無くして雲　塞を出で、夜ならずして月　関に臨む」と、状態を表す語として読んでも何ら問題ない。しかし王子韶は、自らが体験した現実世界に詩歌を引き寄せる形で杜詩を解釈しているのである。[23]
これらの新たな杜詩解釈は、実地踏破によって得られた体験が、杜詩の描写を優越してしまった結果生み出されており、個別性・多様性を有する現実世界の膨張に即して、杜詩の解釈も拡大されている。[24]このような、詩歌に対する、現実世界の個別性・多様性の優越こそが、詩の読者による実地踏破体験の重視を誘引したのでははないだろうか。詩人である陸游の入蜀、四川寄寓が高く評価された背景には、このような詩作をめぐる認識の変容が存在していたのである。先に見た劉応時は、陸游の行旅を杜甫と対比させてこう評している。

少陵閒關兵亂中　少陵　間関　兵乱の中
放翁遭時樂且豐　放翁　遭時　楽しみ且つ豊かなり
（劉応時「読放翁剣南集」第二十九〜三十句）

詩歌と現実世界との対応が強く意識された宋代にあって、詩人の実地踏破はその読者層によって肯定的評価を獲得したのである。

四　おわりに——実地踏破の重視による行旅の変容——

本章では、宋代における詩人の実地踏破体験の重視について、杜詩評価を用いて陸游が赴いた四川という地を主な対象として論じてきた。最後に、実地踏破の肯定的評価と関連して、「江山之助」と「詩人薄命」という観念について触れておきたい。

「江山之助」とは、『文心雕龍』物色篇[25]に見える言葉で、自然という外界が詩人の詩作のために「江山」という風物を提供してくれる、という観念を表すものである。

若乃山林皋壤、實文思之奥府。略語則闕、詳説則繁。然屈平所以能洞監風騷之情者、抑亦江山之助乎。

乃《か》の山林・皋壌の若きは、実に文思の奥府なり。略語せば則ち闕《か》け、詳説せば則ち繁し。然らば屈平の能く風騒の情を洞監する所以《ゆゑん》の者は、抑《そも》そも亦た江山の助あらんか。

ここで注意したいのは、物色篇において「江山之助」を得られた人物として名が挙げられているのは、屈原（屈平）であることである。屈原が楚の懐王に意見を容れられず、汨羅に身を投げた悲劇の人物として『楚辞』の作者とされるのは周知の通りである。ここで、これまでに見た宋代における実地踏破体験の重視と「江山之助」という発想との差異を考えると、それは当の詩人が困窮した状態にあるかどうかに求められるように思われる。他ならぬ杜甫自身の流浪こそが、困窮の末の結果であると宋人も認識している。

杜陵老布衣
飢走半天下

杜陵の老布衣
飢走して天下を半ばす

（李綱「読四家詩選四首　子美」、『梁溪集』巻九）

杜子美身遭離亂、復迫衣食、足迹幾半天下。

杜子美　身離乱に遭ひ、復た衣食迫れり、足迹　幾《ほとん》ど天下を半ばす。

（葛立方『韻語陽秋』(26)巻十九）

杜甫の流浪は、安史の乱による混乱によって、衣食に困窮した末に余儀なくされたものであった。それを踏まえれば、杜甫が経験した困窮しきった流浪の旅と、「放翁　遭時　楽しみ且つ豊かなり」と評された陸游の行旅とは、同じように宋代、詩人として高く評価されたとはいえ、方向性としては正反対のものとなる。杜甫の旅は、困難に満ちていればいるほど、詩人として「江山之助」を得られる。旅が耐えがたいものであるからこそ、詩人の創作活動を輝かせるのである。ここでの旅には、詩人を苦しめ傷つける否定的評価が下される。つまり、杜甫の流浪の旅は「詩人薄命」の観念に基づいたものであると言えよう[27]。

しかし、劉応時は陸游を杜甫と重ね合わせておきながら、二人の旅については「少陵　間関　兵乱の中、放翁　遭時　楽しみ且つ豊かなり」と正反対の評価を下している。確かに、陸游が長江を遡って旅する行程を記した『入蜀記』、逆に長江を下って東へと帰る旅路を著した范成大の『呉船録』を見ても、各地に名所旧跡を訪ねるその行旅は、どこか今日の観光旅行にも通じるものを感じさせる。陸游が生きた南宋初中期、西暦十二世紀における官僚の赴任としての旅である行旅には、古来労苦の旅であった「トラベル（travel）」から快楽の旅である「ツアー（tour）」への転換の萌芽が見られるのではないか[28]。筆者に今、中国文化史におけるその変容について論じる力はないが、杜甫と重ねられる陸游の評価を見たとき、その四川寄寓体験における「詩人薄命」の観念は、超克されつつあるように思われるのである。

陸游の行旅と「詩人薄命」に関連して思い出されるのは、彼の有名な七言絶句「剣門道中遇微雨」（『剣南詩稿』巻三）の「此の身　合に是れ詩人なるや未しや」の句である。

衣上征塵雑酒痕　　衣上の征塵　酒痕を雑ふ

遠遊無処不消魂　　遠遊　処として消魂せざる無し
此身合是詩人未　　此の身　合《まさ》に是れ詩人なるや未しや
細雨騎驢入剣門　　細雨　騎驢　剣門に入る

この詩は、小川環樹氏が「詩人の自覚」において、(29)金との最前線である南鄭の幕府から、成都へと向かう旅を続ける陸游が、自らを驢馬の背で詩作する唐代の詩人と重ね合わせ、詩人として生きるほかない自分を悲しんで作った作であると解釈されるように、失地恢復を悲願とする陸游の人生における失意の象徴として位置づけられる作品である。失意に沈んだ陸游が詩人であることを強く自覚するという発想は、「詩人薄命」の観念に連なるものである。

しかし、入谷仙介氏は、この詩の語彙についての再検討、前後に収められる詩の読解から、この詩を失意の象徴とする解釈について異議を唱え、次のような解釈を提示している。(30)

前半生の陸游は、このような状況（筆者注：江西詩派の技巧主義が隆盛した状況）の中で、自分の詩的生命を圧殺する方向に働きかねない時代風潮と、自己の才能との矛盾に真剣に悩んでいたであろう。その悩みの中で、失意の剣門の旅を歩む彼が、最終的に従前の彼と彼の詩を否定し、今こそ我は詩人となった、その懐いを詠んだのが「剣門道中遇微雨」であり、しかし、彼はこの時、新しく獲得した自由の境地に、むしろとまどいさえ覚え、爆発的な解放の喜びという表現でなく、口ごもりがちな、おずおずした「此身合是詩人未」という表現を取り、それにふさわしい、あわれなみじめな旅人として、みずからを装った、と私は考えるものである。

入谷氏の説は、陸游の剣門体験を彼の詩境の転換点としてこの詩を捉え直すものであり、本章が説く実地踏破体験の重視と直接関連するものではない。しかし、入谷氏は、「詩人薄命」の観念をこの陸游の詩に持ち込むことを退けている。吉川幸次郎氏が「悲哀の止揚」と名づけた宋詩に表れる楽観的態度によって、[31]行旅は「詩人薄命」につながっていく旅の危険と労苦から解放されたのである。陸游の友人である韓元吉（一一一八～八七）の「送陸務観序」（『南澗甲乙稿』巻十四）には、船旅にて溺れそうになった陸游の、次のような発言が収録されている。

然務観舟敗幾溺、而書來詫曰、「平生未行江也。葭葦之蒼茫、鳧雁之出沒、風月之淸絕、山水之夷曠、疇昔皆寓於詩而未盡其髣髴者、今幸遭之、必毋爲我戚戚也。」

然るに務観 舟敗れて幾《ほと》んど溺れんとす、而して書来たりて詫《わ》びて曰く、「平生 未だ江を行かざるなり。葭葦の蒼茫たる、鳧雁の出没せる、風月の清絶たる、山水の夷曠たる、疇昔 皆 詩に寓して而も未だ其の髣髴たるを尽くさざる者なり、今 幸ひに之に遭ふ、必ずしも我が為に戚戚たる毋《なか》れ。」

初めて長江を舟行する陸游には、この行旅がこれまで「詩に寓して而も未だ其の髣髴たるを尽くさざる者」を親しく体験する貴重な機会であり、遭難すら苦にしていない。ここには「詩人薄命」の観念は影すら見えない。陸游の入蜀体験に与えられた肯定的評価もまた、こうした大きな転換の一部として捉えられるべきであろう。

注

（1）例えば、楊万里の詩集は『江湖集』、『荊渓集』、『西帰集』などの「一官一集」としてまとめられるが、最終的には、長子の楊長孺の手によって『誠斎集』百三十三巻として集大成される。また陸游の上司（四川制置使兼知成都府）として成都に赴任した范成大にも、成都での詩作をまとめた『錦官集』があるが（孫奕『履斎示児編』巻十に「余観范至能参政爲詩、毎官成一集、所著『錦官集』、蓋鎮成都府時作也（余 范至能参政の詩を為るを観るに、官する毎に一集を成す、著す所の『錦官集』、蓋し成都府に鎮せし時の作ならん）」とある）、最終的には『石湖集』百三十六巻として成立しているように、『剣南詩稿』というタイトルが最後まで継承されたことは、極めて異例なことなのである。

（2）本書第四章を参照。

（3）本書第五章を参照。

（4）宋代杜甫詩評については、主に華文軒等編『古典文学研究資料彙編　杜甫巻』（上篇唐宋之部第一～三冊、中華書局、一九六四年）に拠った。

（5）浅見洋二『中国の詩学認識』第三部「詩と現実」（創文社、二〇〇八年）を参照。

（6）『誠斎集』の本文は、辛更儒箋校『楊万里集箋校』（北京中華書局、二〇〇七年）に拠った。

（7）『頤庵居士集』の本文は、文淵閣『四庫全書』所収のテキストに拠った。以下、本文を文淵閣『四庫全書』に拠った資料は、注釈による表記を省略する。

（8）胡宗愈「成都草堂詩碑序」（『杜工部草堂詩箋』伝序碑銘）や黄庭堅「刻杜子美巴蜀詩序」（『予章黄先生文集』巻十六）から、北宋末、実際に杜詩が石刻されたことが確認できる。四川において杜詩のテキストが石刻として保存されていたことも、あるいは陸游の実地踏破体験が高く評価された一因とも考えられる。

（9）陸游自身も、「拾遺白髪有誰憐、零落歌詩遍両川（拾遺の白髪　誰か憐れむ有らん、零落して歌詩　両川に遍し）」（「夜登白帝城楼懐少陵先生」、『剣南詩稿』巻二）や「公詩豈紙上、遺句處處滿。人皆欲拾取、志大才苦短（公の詩　豈に紙上のみならん、遺句　処処に満つ。人皆拾取せんと欲するも、志大にして才苦《はなは》だ短し）」（「草堂拝少陵遺像」、『剣南詩稿』巻九）のように、四川において初めて杜甫という先人の「歌詩」や「遺句」を発見したことを詠っている。

（10）『詩話総亀』の本文は、北京人民文学出版社による一九八七年版に拠った。

（11）同じ記事を胡仔『苕渓漁隠叢話』前集巻二も引用する。王直方（一〇六九～一一〇九）は江西詩派の一人。

（12）同様の表現は、計有功（宣和三年〔一一二一〕の進士）『唐詩紀事』巻十八に「先儒云、『不行一萬里、不讀萬巻書、不知

老杜詩』、信然（先儒云ふらく、「一万里を行かず、万巻の書を読まずんば、老杜の詩を知らず」と、信に然り）」とあり、王質（一一三五～八九）『詩総聞』巻七に「世傳『杜詩、不讀萬巻書、不行一萬里、不可以觀。』而況古詩（世に伝ふ「杜詩、万巻の書を読まず、一万里を行かずんば、以て観るべからず」と。而も況んや古詩をや）」とある。また、李昴英（一二〇一～五七）「呉華門杜詩九発序」（『文渓集』巻三）にも「足未萬里途、不讀萬巻書、莫讀杜詩（足未だ万里の途ならず、万巻の書を読まずんば、杜詩を読む莫れ）」とある。

(13) 杜甫「奉贈韋左丞丈二十二韻」、『杜詩詳注』（中国古典文学叢書、北京中華書局、一九七九年）巻一。

(14) 「一万里を行く」ことだけを杜甫詩を読む条件として挙げたものに、「前輩謂『不行萬里、不能通杜子美詩』（前輩謂ふらく「万里を行かずんば、杜子美の詩に通ずる能はず」と）」（陳藻「地理之疑」、『楽軒集』巻八）や、「不行萬里、不可讀杜詩也（万里を行かずんば、杜詩を読むべからざるなり）」（楼鑰「答杜仲高旃書」、『攻媿集』巻六十六）がある。

(15) 蘇軾「贈杜介并敍」（『蘇軾詩集』巻二十六）に、「我夢遊天台、横空石橋小（我　天台に遊ぶを夢む、空に横たはる石橋小さし）」とある。

(16) 「詩史」説については、許総著、加藤国安訳『杜甫論の新構想――受容史の視座から――』（研文出版、一九九六年）及び注（5）前掲浅見氏書を参照。

(17) 『老学庵筆記』の本文は「唐宋史料筆記叢刊」（北京中華書局、一九七九年）に拠った。

(18) 『西渓叢語』の本文は『津逮秘書』所収のテキストに拠った。

(19) 例えば、「秋風二首」（其一、『杜詩詳注』巻十七）に「呉檣楚舵牽百丈、暖向成都寒未還（呉檣　楚舵　百丈に牽かれ、暖に成都に向かひて寒に未た還らず）」や、「十二月一日三首」（其一、『杜詩詳注』巻十四）に「一聲何處送書雁、百丈誰家上瀬船（一声　何れの処ぞ　書を送る雁、百丈　誰が家ぞ　瀬を上る船）」とある。

(20) 『苕渓漁隠叢話』の本文は、中華書局香港分局による一九七六年版に拠った。

(21) この「烏鬼」の解釈は宋代より議論されており、引用した『苕渓漁隠叢話』はその諸説を総括している。

(22) 『邵氏聞見後録』の本文は「唐宋史料筆記叢刊」（北京中華書局、一九八三年）に拠った。

(23) この注釈は、杜詩の表現のすべてに来歴を求めた結果、架空の地名を創出したものとも考えられる。そうだとしても、その主張は「嘗て親しく其の地に至る」という実地体験に基づいており、偽りであっても、自らの体験が杜詩の解釈を広げていることは指摘できよう。

(24) 浅見氏が、詩歌に対応する現実の個別性・多様性の問題化として挙げている地域差を問題にした例（注（5）前掲書、三三九～三四四頁）も、言い換えれば、肥大化した現実世界の方に詩の世界を当てはめようとしたものであると言える。
(25)『文心雕龍』の本文は、「中国古典文学叢書」（上海古籍出版社、一九八九年）に拠った。
(26)『韻語陽秋』の本文は、「善本叢書」（上海古籍出版社、一九八四年）に拠った。
(27)「詩人薄命」については、二宮俊博「白居易に於ける詩人薄命の認識について」（九州大学中国文学会『中国文学論集』第八号、一九七九年）を参照。
(28) 旅の変容については、原田達「ツーリズム文化の現在」（追手門学院大学東洋文化研究会編『旅の文化史』、駸々堂出版、一九九三年）、エリック・リード著、伊藤誓訳『旅の思想史――ギルガメシュ叙事詩から世界観光旅行へ――』（法政大学出版局、一九九三年）を参照した。
(29)『風と雲　中国文学論集』（朝日出版社、一九七二年）所収。
(30) 入谷仙介「此身合是詩人未――陸游の剣門体験の意義――」（『詩人の視線と聴覚――王維と陸游――』、研文出版、二〇一一年、初出は『島根大学法文学部紀要文学科篇』第二号、一九七九年）。該詩の訓読もこれに拠った。
(31) 吉川幸次郎『宋詩概説』（中国詩人選集二集、岩波書店、一九六二年）序章第七節「宋詩の人生観　悲哀の止揚」。

終章

本書では、序章に述べたように、出版技術の発達と版本の普及によって浮き彫りとなった文学作品流通の過程に着目し、王十朋を「読者からの期待・反応のために利用された文人」、陸游を「読者からの期待・反応を反映した文人」として考察を行った。その結果明らかになったのは、南宋の出版文化は、王十朋・陸游のような官僚文人と、『会稽三賦』に注釈した史鋳や蘇軾詩集注本の出版者のような、彼らの著作、ひいてはその名声を利用した中間層文人との二層から構築されているということである。それゆえ南宋出版文化は、この重層性を理解した上で再び把握される必要があるであろう。以下、南宋文学ひいてはその文化を捉えるための関鍵となる、この二つの階層について、本書で論じたことを総括して考えたい。

一　集注本、詩話総集と中間層文人の諸相

本書の第二章と第三章において、それぞれ官僚文人の作品に対する注釈、そして詩作に対する注釈の編集という、中間層文人が携わった編集・出版活動について検討を加えた。ここでは、さらに中間層文人の編集作業例として詩話総集を挙げ、その実態について検討を加える。

詩話という文藝ジャンルは宋代に萌芽し、そして発展したが、北宋末になると諸家の詩話を編集した詩話総集が盛んに編まれるようになる。[1] その今に伝わるものには、阮閲『詩話総亀』、胡仔『苕渓漁隠叢話』、魏慶之『詩人玉屑』、蔡正孫『詩林広記』がある。これらの編集者のうち、魏慶之・蔡正孫は任官の事実が確認できず、中間層文人（ないしは民間文人）と見なしてよいであろう。[2]

それに対し、阮閲は元豊八年（一〇八五）の進士であり、また胡仔は父の胡舜陟の恩蔭によって任官しており、分類上はひとまず官僚文人に所属する。しかし、まず阮閲『詩話総亀』については、南宋初期の時点でその原型を留めていないことを胡仔が証言している。

閩中近時又刊『詩話總龜』、此集卽阮閲所編『詩總』也。余於『漁隱叢話』序中已備言之。阮字閎休、官至中大夫、嘗作監司郡守、廬州舒城人。其『詩總』十卷、分門編集。今乃爲人易其舊序、去其姓名、略加以蘇黃門詩説、更號曰『詩話總龜』、以欺世盜名耳。

閩中　近時又《また》『詩話総亀』を刊す、此の集即ち阮閲編む所の『詩総』なり。余『漁隠叢話』の序の中に已

に之を備言す。阮 字は閎休、官は中大夫に至る、嘗て監司郡守と作《な》る、廬州舒城の人なり。其の『詩総』十巻、門を分け編集す。今乃ち人 其の旧序を易《か》へ、其の姓名を去り、略加するに蘇黄の門の詩説を以てし、更に号して『詩話総亀』と曰ふを為すは、以て世を欺き名を盗めるのみ。

（胡仔『苕渓漁隠叢話』前集巻十一）[3]

胡仔が言うように、紹興年間頃に阮閲『詩総』が福建（閩中）にて手を加えられて『詩話総亀』になったのであれば、それは第三章に論じた「王状元」の名を借りた編集作業と、旧来の論評（注釈、詩話）を収集した編集である点が類似しており（編集作業が行われた場所も同じく福建である）、やはり現在我々が目にしうる『詩話総亀』も、中間層文人の手が相当加わっていると考えてよいであろう。

そして、胡仔は父の恩蔭で官位には就いているものの、その官職は安撫司や転運司の属官であり、寄禄官も奉議郎（正八品）止まりである。官僚文人とはいえ末端層であり、限りなく中間層文人に近い存在であると言えよう。

本書序章では、地方郷村社会を活動基盤とする読書人（科挙周縁層を含む）や科挙に失敗した下第文人などの所謂「士人」層を中心とした文人層を「中間層文人」と定義付けた。そして、ここに確認した詩話総集の編者の社会的身分から見ても、官僚文人層と中間層文人は、単純な対立概念として把握されるべきではなく、グラデーションのように極めて細かい段階的な推移の中に位置づけられるべきである。そして、彼らの編集作業の内容もまた、その水準にかなりの差異が認められる。

例えば、第二章で検討した史鋳の注釈は、同時代の著作、すなわち最新の史料を引用しつつ、文献に拠って意見を述べる実証的なものであった。注釈であるため、それはあくまで王十朋「会稽三賦」という先行する文学作品に依存するものである。しかし副次的でありながら自らの手で注釈を創出しており、執筆に近い創作性を有する作業であると言える。

では、第三章で見た集注本や、ここに挙げた詩話総集はどうか。確かに、これらには編集者自身による注釈や論評が附加されてはいるが、基本的には既存の注釈や詩話を整理しただけの編集であり、先行する注釈や詩話に依拠した、創作性の低い作業であると言えるだろう。

すなわち、北宋以前、基本的に官僚文人という階層において展開されていた文学活動は、南宋期に至って中間層文人にまでその主体を延伸し、その所属階層や活動内容の創作性にも表れるように、相当の多様性を内包するようになったのである。この文学創作主体が拡散していく現象は、当然後の民間文人へと帰結していくであろう。これを文学史という時間軸に載せたならば、後の元や明清の創作主体が官僚・非官僚入り交じっていく状況も、単純に官僚（雅）・非官僚（俗）の二項対立で捉えていては、その実態は把握できないのではないだろうか。(4) ここに、南宋という時代は新たな文学創作主体（中間層文人そして民間文人）が登場する揺籃期として位置づけられるのである。

二　中間層文人と江湖詩人

南宋中間層文人は、官僚文人に依拠する限定性を強く有しつつも、出版文化の発展を背景に文学創作及びその流通過程に関わる形で登場してきた。その文学創作主体の拡散現象が行き着く先として、民間文人という存在が想定される。南宋という時期に限ってみても、民間文人と呼べるであろう人物として、南宋末期の書商・陳起が挙げられる。本書が扱ってきた中間層文人の一つの帰結先として、以下に陳起と江湖詩人の交流を検討し、どのような革新が起こったのかを考えてみたい(5)。

ここに言う江湖詩人とは、陳起らが編修し刊行した『江湖集』シリーズに詩が収められる詩人、とひとまずは定義しておく(6)。陳宅書籍鋪（臨安府棚北大街睦親坊に店を構えた）の主人・陳起は、科挙の地方試験、解試でトップ合格するという経歴を有し、書物を販売するのみならず、編集・出版までもを生業とした書商であった。陳起と交流を持った江湖詩人の詩文にも、その出版者としての姿を認めることができる。まずは、陳起との交流をその詩文に多く記録する許棐（号は梅屋）の証言を見てみたい。

江湖詩人の中でも重要な地位を占める「永嘉の四霊（趙師秀、字は霊秀・翁巻、字は霊舒・徐照、字は霊暉・徐璣、字は霊淵）」の詩は、永嘉学派の大成者である葉適（一一五〇～一二二三、字は正則、号は水心）の選を経て、陳起の手によって出版されている。版本そのものは今に伝わらないが、許棐の跋文によってそのことが確認される。

藍田種種玉、薝林片片香。然玉不擇則不純、香不簡則不妙。水心所以選四靈詩也。選非不多、文伯猶以爲略、復有加焉。嗚呼、斯五百篇、出自天成、歸于神識。多而不濫、玉之純、香之妙者歟。芸居不私寶、刊遺天下。後世學者、愛之重之。

藍田《らんでん》種種の玉あり、薝林《せんりん》片片の香あり。然《しか》るに玉 択《えら》ばずんば則ち純ならず、香 簡《えら》ばずんば則ち妙ならず。水心（葉適）四霊の詩を選ぶ所以《ゆえん》なり。選 多からざるに非ざるに、文伯 猶《な》お以て略ありと為し、復《ま》た焉《これ》に加うる有り。嗚呼《ああ》、斯《こ》の五百篇、天成自《よ》り出で、神識に帰す。多くして濫ならず、玉の純なる、香の妙なる者か。芸居（陳起）宝を私せず、刊して天下に遺《おく》る。後世の学ぶ者、之を愛し之を重んぜよ。

（許棐「跋四霊詩選」、『江湖小集』巻七十六「融春小編」）

許棐は任官した形跡がない在野の江湖詩人であるが、彼は四霊の詩を宝玉、香木に譬え、それに加えられた彫琢として、葉適及び文伯（未詳）による編集そして陳起による刊行について述べている。許棐にとって陳起という友人は、玉や香に比すべき詩という宝を天下に送り出す出版者であった。

次に、許棐の陳起に贈った詩を見てみよう。

江海歸來二十春　江海　帰来　二十春
閉門爲學轉辛勤　門を閉じ学を為して転《うた》た辛勤す
自憐兩鬢空成白　自《みずか》ら憐む　両鬢　空しく白きを成すを
猶喜雙眸未肯昏　猶《な》ほ喜ぶ　双眸　未だ昏《くら》きを肯《がえ》んぜざるを
君有新刊須寄我　君　新刊有らば　須《すべか》らく我に寄すべし
我逢佳處必思君　我　佳処に逢はば　必ず君を思はん
城南昨夜聞秋雨　城南　昨夜　秋雨を聞く
又拜新涼到骨恩　又拝す　新涼の骨に到れる恩を

（許棐「陳宗之叠寄書籍小詩為謝」、『江湖小集』巻七十七「梅屋稿」）

第五句、「新刊の書があれば絶対私に送ってくれ」という口吻からは、許棐が陳起の出版物を心待ちにしている様を見て取ることができよう。中間層文人を登場させた出版業の隆盛と版本の普及は、南宋末、詩を作る民間層に近い文人たちに、自らの作品の編集刊行という流通の過程を意識させ、そしてその実践をも視野に収めさせた。出版者・陳起と江湖詩人の交流は、こうした変革の一つの結実として位置づけられよう。

印刷術が登場するまで、書物を複製するには人の手で書き写すしか術がなかった。出版とは、そのテキストの複製を一定数（書写よりも圧倒的に早く）生み出す行為である。その複製されたテキストが売り買いされることによって、文人が書物を蓄える蔵書という営為は、それ以前と比べてはるかに容易なものとなったであろう。

蔵書を自らの営みに加えた南宋末の江湖詩人の交流には、書物のやりとりが散見される。『四朝聞見録』を撰した葉紹翁（字は嗣宗、福建建安の人）の詩には、蔵書を売却しようとする彼の姿が詠み込まれる。

十載京塵染布衣　　十載の京塵　布衣を染め
西湖烟雨與心違　　西湖の烟雨　心と違《たが》ふ
隨車尚有書千卷　　隨車　尚《な》ほ有り　書千巻
擬向君家買却歸　　擬《ぎ》すらくは君が家に向かひて買却して帰らんと

（葉紹翁「贈陳宗之」二首の二、『江湖小集』巻十「靖逸小集」）

十年を過ごした臨安を離れるときの作であろうか、葉紹翁は千巻の蔵書を前にして、陳起に対し「君の家に向かって売却して帰ろうと思う」と言っている。深読みすれば、持って帰らねばならない書物の多さに閉口した葉紹翁が「君に売り払ってしまえば身軽になるんだがな」と、陳起に向けて戯れた一種のユーモアとも取れるかもしれない。いずれにせよ、江湖詩人は千巻単位の蔵書を有しており、それは陳起のような書商から購入したものも少なくなかったと推察される。

書籍を扱う商人である陳起の蔵書は、単なる文人のそれとは異なる意味合いもあったであろうが、ともあれ江湖詩人にとっても大いに利用しうるテキストであった。例えば陳起の親しい友人である武衍（字は朝宗、号は適安）は、その蔵書をこのように詩に詠み込んでいる。

鄴侯架中三萬籖　鄴侯《ぎょうこう》の架中　三万籖
半是生平未曾見　半ばは是《こ》れ生平未《いま》だ曾《かつ》て見ざるなり

（武衍「謝芸居恵歙石広香」、『江湖後集』巻二十二）

「鄴侯」は唐の李泌を指す。彼は父・承休が蓄えた蔵書を引き継いで整理した。「籖」とは検索の便のために巻子本に付される札で、書物のタイトルが記される。つまりは「三万巻」と言っているのに等しい。李泌にも匹敵する陳起の蔵書のうち、その半数がふだん目にしたことのない書物であった、と武衍は言う。これだけの蔵書がある陳起のもとには、書物を借りに来る江湖詩人の姿も見られる。

案上書堆滿　案上　書　堆満す
多應借得歸　多《まさ》応《さ》に借り得て帰るべし

（張弋「夏日従陳宗之借書偶成」、『江湖小集』巻六十八「秋江烟草」）

「机の上には書物が所狭しと積まれているが、それらを借りて帰るとしよう」、張弋（字は彦発、本籍は河陽）の詩からは、陳起と江湖詩人が単なる商売人と顧客として結ばれていたのではないことが窺えるであろう。そして、こうした書物の貸し借りのやりとりが、江湖詩人の詩作に大いに寄与したことも想像してよいだろう。

出版者であり、蔵書家であること。これは、陳起が書商である以上必要不可欠な要素であり、いままで見てきたように彼と江湖詩人の交流からもその姿を確認することができる。加えて、江湖詩人の陳起への信頼の深さは、彼が自らも詩を作るような、詩に対する確かな「目利き」であったことに由来している。その詩友としての交流の様相は、まず江湖詩人の詩集に付される序跋から見て取ることができる。

右甲辰一春詩、詩共四十餘篇、録求芸居吟友印可。棐惶恐。

右 甲辰（淳祐四年、一二四四）一春の詩なり。詩 共に四十余篇、録して芸居（陳起）吟友の印可を求む。棐 皇恐す。

（許棐『梅屋稿』末尾の跋文、『江湖小集』巻七十七）

芸居見索、倒篋出之、料簡僅止此。自昭君曲而上、蓋嘗經先生印正云。

芸居（陳起）に索《もと》められ、篋《はこ》を倒《さかしま》にして之を出だす、料簡（取捨・整理）するは僅《わず》かに此に止まる。「昭君曲」自《よ》り而上、蓋《けだ》し嘗《かつ》て先生の印正を経ると云ふ。

（黄文雷『看雲小集』自序、『江湖小集』巻五十）

ここに許棐が「芸居吟友の印可」と言い、また淳祐十年（一二五〇）の進士である黄文雷（字は希正、号は看雲、江西南城の人）が「先生の印正」と言うのは、陳起の詩に対する鑑識眼を信頼している言い方であり、いわば「陳起先生のお墨付き」であることをここでアピールしているわけである。それは、彼らが編集者としての陳起に信を置いていたと同時に、陳起の詩人としての力量をも認めていたことを意味するであろう。

なお、許棐はここで陳起のことを「吟友」と言っている。これについては、陳起が許棐の死を悼んだ「挽梅屋」詩（『芸居乙稿』）に「桐陰吟社憶當年（桐陰の吟社　当年を憶《おも》ふ）」という句があることから、彼らが臨安で共に詩作する「吟社（詩社）」というグループを結成していたことがわかる。[7]

このような詩作を競い合い、また詩について論じ合うような交友関係を詠っている詩が陳起にある。詩題の「適安」は武衍の号で、「静佳」とは朱継芳の号である。

情同義合亦前縁　　情は同じくし義は合ふも亦《ま》た前縁ならん
得此蘭交慰晩年　　此《こ》の蘭交を得て晩年を慰む
旋爇古香延夜月　　爇《や》ける古香を旋《めぐら》して夜月を延《ひ》き
試他新茗瀹秋泉　　他《か》の新茗を試みて秋泉に瀹《やく》す
君停逸駕談何爽　　君は逸駕を停めて談ずること何ぞ爽なる
客寄吟編句極円　　客は吟編を寄せて句　極めて円《まつた》し

可惜病翁初止酒　惜しむべし　病翁初めて酒を止《や》め
不能共酔桂花前　共に桂花の前に酔ふ能《あた》はざるを

（陳起「適安夜訪読静佳詩巻」、『江湖小集』巻二十八「芸居乙稿」）

朱継芳、字は季実、福建建安の人。彼の詩集は『静佳龍尋稿』と『静佳乙稿』があるので、そのいずれかであろうか。夜訪ねてきた武衍を香と茶でもてなしながら、一緒に朱継芳の詩集を読んで議論を交わしたのであろう。北宋から南宋、あるいはそれ以前において士大夫階層に属する詩人同士であれば散見されるありふれた交友の光景であるが、市民と呼んでさしつかえない階層の詩人たちがこうして詩を論ずるところに、この時代の新しさを見ることができよう。書商の衣を脱いだ詩人としての陳起が確認できる貴重な例である。

江湖詩人との交流から見えてくる陳起は、出版商であり、また詩人であるという二面性を併せ持った人物である。出版は、書物そして学問を社会に広く開放するものであり、この開放は書物や学問の通俗化傾向をもたらす。ゆえに官僚士大夫層の文人たちは出版業とその産物である版本を利用しつつも警戒し、諸手を挙げて賛成しないのである。(8) 版本に対して官僚士大夫層が有するある種の嫌悪感を江湖詩人が共有しないということは、彼らが、中間層文人よりも官僚文人に依存しない形でその文学創作を展開していたことを意味しよう。周端臣（字は彦良、号は葵窓、江蘇建業の人）の陳起の死を悼む詩には、次のような対句表現が見られる。

字畫堪追晉　字画は晋を追ふに堪へ
詩刊欲徧唐　詩刊は唐を徧《あまね》くせんと欲す

（周端臣「挽芸居二首」其一、『江湖後集』巻三）

彼の書く字が六朝の晋人のそれに匹敵し、彼の刊行する詩集は唐を網羅しようとするものであった、という故人への称賛には、出版や版本への嫌悪感を見ることはできない。嘉定元年（一二〇八）の進士である鄭斯立（字は立之、福建懐安の人）の詩に見える対句表現は、より直截である。

讀書博詩趣　　書を読みて詩趣を博くし
鬻書奉親歡　　書を鬻《ひさ》ぎて親歓を奉ず

（鄭斯立「贈陳宗之」、『宋詩紀事』巻六十四）

「書を読む」ことと「書を鬻ぐ」ことが対になること自体、旧来の感覚ではあり得ない表現であろう。最後に、江湖詩人の中でも重要人物である劉克荘（一一八七〜一二六九、字は潜夫、号は後村居士、福建省莆田の人）の詩を見てみよう。

陳侯生長紛華地　　陳侯　紛華の地に生長し
却似芸香自沐薫　　却《かえ》つて似る　芸香　自ら沐薫するに
錬句豈非林處士　　句を錬るは豈《あ》に林処士に非ざらん
鬻書莫是穆參軍　　書を鬻《ひさ》ぐは是《こ》れ穆参軍なる莫からんや

雨簷兀坐忘春去　　雨簷に兀坐して春の去《ゆ》くを忘れ
雪屋清談至夜分　　雪屋に清談して夜分に至る
何日我閒君閉肆　　何《い》れの日ぞ　我　閑にして君　肆《みせ》を閉じ
扁舟同泛北山雲　　扁舟　同《とも》に泛《うか》ぶ　北山の雲

（劉克荘「贈陳起」、『瀛奎律髓』巻四十二）

第三句の「林処士」は杭州に隠棲し、鶴と梅を愛した北宋の林逋を、第四句の「穆参軍」は柳宗元の詩集を刊行して売ろうとした同じく北宋の穆修を指す。商人として士大夫の外部に在る存在が、士大夫の文藝であった詩歌を創作し、その成果を編集刊行することで流通へ乗せてしまう。それを生業とする陳起は当然として、彼と交流する江湖詩人たちも官僚・非官僚の身分を問わずそうした人的ネットワークの中にあること、これこそが中間層文人から江湖詩人へと至った南宋文学の潮流であり、彼らは後の元明清に続く近世の先駆的存在であると言えよう。

三　南宋文化の地域的偏差

これまで見てきたように、中間層文人が南宋出版文化に大きく貢献した存在であるとはいえ、南宋末の江湖詩人を例外として、依然としてその中心は官僚文人であった。本書では下篇において、陸游『剣南詩稿』について検討を加えたが、そこからは文化の地域的偏差という、南宋期特有の文化的現象を見て取ることができる。地域的偏差とは、淮河以南の南中国を領土とした南宋王朝が、その東端に行在所・臨安を置いたことにより生じた、事実上の首都からの距離感と言い換えることができるだろう。

第四章に論じたように、陸游・范成大と四川人士の交流には、閉鎖的であった南宋四川の在地文人たちが、江南の高名な文人との交流を熱望し歓迎したという地域社会的背景があった。これを臨安との距離をもって単純化すれば、遠く離れた文化的辺境の四川という地域に対し、文化的中心である臨安近郊からやってきた陸游・范成大という構図になる。(9) そしてその偏差は、立場を替えれば逆転した形で意識される。第五章・第六章にて検討したように、遠く離れた四川を実際に踏破した詩人として陸游は評価された。つまり、臨安近郊の江南文人は、陸游が未知の地域である四川に足を踏み入れたことにこそ価値を見出したのである。

これは、北宋以来の経済的中心であった臨安が、行在所となって文化的中心を兼ねたことが強く影響している。文化的中心であることは、すなわち文学作品の創作者であり読者である文人がそこに集中することを意味し、そして経済的中心であることは、文学作品が流通していく範囲もまたそこに集中することを意味する。文学作品の読者と流通を担う人々が臨安に集中したことが、これだけの文化的地域偏差を生じる要因となったのである。

第五章に詳細に検討した、陸游『剣南詩稿』二十巻本は、臨安から銭塘江を遡っていった途上の厳州で刊刻された。厳州は、当時重要な交通路であった河川沿いに繫がる臨安の近郊であり、臨安の衛星都市と言うことができよう。同じような位置にあるのが、陸游の出身地であり、第二章の王十朋『会稽三賦』の舞台となった紹興である。ここは運河によって臨安と繫がっている。これらの衛星都市とも言うべき諸都市は、文化的にも経済的にも中心地・臨安の恩恵にあずかったであろう。

さらに、交通路としての河川に着目すると、南宋の版図における大動脈とも言うべき長江も決して軽視はできない。臨安から運河を北上して鎮江府（江蘇省鎮江）に至り、そこから長江を遡上していく道程は陸游『入蜀記』にも記される主要なものであった。その途上の江州（江西省九江）こそは陸游の子である陸子虡が嘉定十三年（一二二〇）に『剣南詩稿』八十五巻本を刊刻した因縁の地であるし、その江州から南に広がる鄱陽湖のほとりで、第一章にて明らかにした王十朋の楚東唱和活動が行われ、『楚東唱酬集』が刊刻されたのである。地域的偏差を有する各地域であったが、長江が経済と文化の中心地・臨安と各地を結んでおり、そこへ官僚文人が赴任していくことによって各地域での出版が行われたのである。

ここまで見てきた、江南地域に偏った文化的偏差は、杭州臨安を仮の都とした南宋期特有の現象がそれを推進したものであるが、この文化的偏差は、後の時代にも確認される現象である。[10] 要するに、南宋期とは、文学創作主体の拡散、そして文化の地域的偏差の両面から、来たる近世の江南文化を準備した時代であったのである。

注

(1) 船津登彦『中国詩話の研究』（八雲書房、一九七七年）及び王水照・熊海英著『南宋文学史』（南宋史研究叢書、人民出版社、二〇〇九年）第五章第二節「南宋詩話概説」を参照。

(2) 墓誌銘や神道碑、行状の類がないことも、彼らが官僚文人の交流網の中にいなかったことを示している。

(3) 『若渓漁隠叢話』の本文は、中華書局香港分局による一九七六年版に拠った。

(4) 吉川幸次郎『元明詩概説』（中国詩人選集二集、岩波書店、一九六三年）には、元以降の詩人を「官僚」と「市民」とし、科挙制度が「市民」から「官僚」を生み出すシステムであったことが指摘されており、両者を対立的に捉えていないことが窺える。

（5）陳起と江湖詩人との交流については、深澤一幸「陳起「芸居乙稿」を読む」（梅原郁編『中国近世の都市と文化』、京都大学人文科学研究所、一九八四年）や張宏生『江湖詩派研究』（中華書局、一九九五年）附録四「『江湖集』編者陳起交游考」を参照。

（6）江湖詩人については、内山精也編『南宋江湖の詩人たち——中国近世文学の夜明け——』（『アジア遊学』一八〇、勉誠出版、二〇一五年）を参照。

（7）本書第一章の「楚東詩社」が、地方に赴任した官僚文人の詩社であったこととは対照的である。

（8）官僚文人の版本に対する警戒心については、井上進『中国出版文化史——書物世界と知の風景——』（名古屋大学出版会、二〇〇二年）第八章「士大夫と出版」を参照。

（9）ただし四川は文化的辺境ではなかったことは、第四章に検討したとおりである。また『嘉泰会稽志』にも、「嘗宦兩川。出峡不載一物、盡買蜀書以歸（嘗て両川に宦す。峡を出づるに一物も載せず、尽く蜀書を買ひて以て帰る）」と、陸游が四川から東帰する際、蜀の書物を買い集めて帰ったと紹介されているように、南宋四川は臨安から見た一種の異文化圏であったと見るべきであろう。

（10）例えば、元曲の作者が『録鬼簿』上巻では北方人ばかりであったのが、下巻では杭州を中心とした南方人に推移することから、元曲制作の中心が南に遷ったことが指摘されている。吉川幸次郎『元雑劇研究』（『吉川幸次郎全集』第十四集、一九六八年）を参照。また、明末の出版先進地域が江南であったことは周知の事実であろう。大木康『明末江南の出版文化』（研文選書、二〇〇四年）を参照。

初出一覧

本書は、博士学位論文『南宋文人の文学活動と出版――王十朋と陸游をめぐって――』（九州大学、二〇一三年度）に加筆修正を行ったものである。

序　章　（書き下ろし）

第一章　「王十朋編『楚東唱酬集』について――南宋初期の政治状況と関連して――」
（九州大学中国文学会『中国文学論集』第三十六号、二〇〇七年）

第二章　「王十朋『会稽三賦』と史鋳注」（九州中国学会『九州中国学会報』第五十一巻、二〇一三年）

第三章　「「王状元」と福建――南宋文人王十朋と『王状元集百家注東坡先生詩』の注釈者たち――」
（九州大学中国文学会『中国文学論集』第三十七号、二〇〇八年）

第四章　「陸游と四川人士の交流――范成大の成都赴任と関連して――」
（日本中国学会『日本中国学会報』第六十二集、二〇一〇年）

第五章　「陸游の厳州赴任と『剣南詩稿』の刊刻」（宋代詩文研究会『橄欖』第十八号、二〇一一年）

第六章　「陸游の入蜀とその同時代評価について――宋代杜甫詩評を手がかりとして――」
（九州大学中国文学会『中国文学論集』第四十号、二〇一一年）

終　章

第二節は「陳起と江湖詩人の交流」（内山精也編『南宋江湖の詩人たち——中国近世文学の夜明け——』、『アジア遊学』一八〇、勉誠出版、二〇一五年）。第一節及び第三節は書き下ろし。

あとがき

幼稚園生の自分は、将来なりたいものに「ほんをかくひと」と書いたらしい。今、こうして拙著が形になるという時に思い出すと感慨深いものがあるが、顧みればたくさんの方の導き、励まし、そして支えがなければこうして研究者の端くれとして立つことは叶わなかったであろう。

二〇〇一年に九州大学文学部に入学して以来、師と友にはずっと恵まれてきた。とりわけ、指導教員の竹村則行先生には、マイペースな自分をずっと叱咤勉励していただいた。竹村先生が繰り返して強調された「テキストの読みに責任を持つこと」は研究者としての私の背骨となっているし、テーマの面においても、本書の核心でもある出版文化と文学との関連への着目は、先生が長きにわたって開講なさった出版文化史の授業に端を発している。

また、もう一人の指導教員である静永健先生には、『文選』、『白氏文集』所収作品の読解を通して、本文批判の重要さを学ばせていただいた。時に新旧すべての解釈を取り払って作品そのものを読み解こうとされる姿勢は、私に文学作品を読む面白さを教えてくださった。本書が両先生の導きに恥ずかしくない内容であると胸を張る自信はないが、これからの成長がささやかな恩返しになればと思っている。

学部から大学院、そして専門研究員と十数年を過ごした九州大学中国文学研究室、通称「中文」も恵まれた環境であった。研究を進める主戦場であったばかりでなく、特に大学院進学以降は、たくさんの先輩後輩と日常生活のほとんどを過ごした場所である。伊都キャンパスへの移転によって失われる場所への感謝をここに記しておきたい。

私が南宋を研究対象としたのは、学部生の時に混声合唱団に所属していたことと縁がある。混声合唱団の愛唱歌に「鷗」という曲（三好達治詩、木下牧子作曲）があった。それをきっかけに三好達治について調べていて、彼が傾倒した詩人の一人として陸游に出会ったのである。そして四川時代の陸游詩について卒業論文を書いたものの、当時の私には南宋という時代がいまひとつつかみきれていなかった。修士に進学し研究テーマを模索する中で、南宋に出版された蘇軾詩の注釈書『王状元集百家注東坡先生詩』にたどりついた。以降、博士後期課程進学後も「王状元」こと王十朋に関する研究を進めていき、少しずつ時代背景を把握していった。折良く、南宋の「行在所」であった杭州（浙江大学）に留学することもできた。そうしてようやく、陸游に帰ってくることができたのである。正直に言えば、先に構想を練って王十朋と陸游を研究対象としたわけではなく、南宋文学と出版文化について研究していった結果この二人に出会ったという方が正しい。王十朋を陸游と併置することで見えてきたものがあるのは確かだが、この二人をもって南宋文学を論じる不充分さへの責めは甘んじて負うしかない。

序章の冒頭にも少し触れたように、出版業の成長と版本の普及が南宋文化にもたらした変革は、インターネットの発展と普及が現代社会にもたらすそれと重なる部分があるように感じている。「版本を活用する最近の若者たちは、書物の内容を覚えなくなった」といった宋代文人の嘆きは、「版本」を「インターネット検索」に変えれば今でも通用するのではないだろうか。そのような中国古典文学研究の枠を越えたものを本書が提供できているかどうか、はなはだ心許ない。読者の皆様のご叱正をお願いするものである。

本書は、九州大学大学院人文科学研究院の出版助成制度により「九州大学人文学叢書」として刊行されるものである。編集に携わっていただいた九州大学出版会の奥野有希氏、尾石理恵氏には、何かと杜撰な私に随所で適切な指示をいただいた。心より御礼申し上げたい。

幼稚園生の自分が書いた「ほんをかくひと」の平仮名は、「を」が「さ」のように見え、『ほんさかくひと』や」と母親に揶揄された。本書も少なからぬ誤りを含んでいようが、すべて筆者である私の責任である。そして、三十代まで「ほんをかくひと」になるのを辛抱強く見守り、支えてくれた両親に感謝を捧げたい。南宋文学、そして中国文学は茫洋たる大海原である。今後も師の教えを胸に、恐れることなくより深く、より遠くへ潜っていきたい。

二〇一五年十二月　大阪　箕面にて

甲斐雄一

引用作品索引

か行

さ行

た行

は行

や行

その他

著者紹介

甲斐雄一（かい・ゆういち）

1982 年，宮崎県日向市に生まれる。2005 年，九州大学文学部卒業。2011 年，九州大学大学院人文科学府博士後期課程単位修得退学。現在，日本学術振興会特別研究員 PD。博士（文学）。

九州大学人文学叢書 9

南宋《なんそう》の文人《ぶんじん》と出版文化《しゅっぱんぶんか》

── 王十朋と陸游をめぐって ──

2016 年 3 月 10 日　初版発行

著　者　甲　斐　雄　一

発行者　五十川　直　行

発行所　一般財団法人 九州大学出版会

〒 814-0001　福岡市早良区百道浜 3-8-34
九州大学産学官連携イノベーションプラザ 305
電話　092-833-9150
URL　http://kup.or.jp
印刷／城島印刷㈱　製本／篠原製本㈱

ISBN 978-4-7985-0175-8

「九州大学人文学叢書」刊行にあたって

九州大学大学院人文科学研究院は、人文学の研究教育拠点としての役割を踏まえ、一層の研究促進と研究成果の社会還元を図るため、出版助成制度を設け、「九州大学人文学叢書」として研究成果の公刊に努めていく。

1 王昭君から文成公主へ——中国古代の国際結婚——
藤野月子（九州大学大学院人文科学研究院・専門研究員）

2 水の女——トポスへの船路——
小黒康正（九州大学大学院人文科学研究院・教授）

3 小林方言とトルコ語のプロソディー——一型アクセント言語の共通点——
佐藤久美子（長崎外国語大学外国語学部・講師）

4 背表紙キャサリン・アーンショー——イギリス小説における自己と外部——
鵜飼信光（九州大学大学院人文科学研究院・准教授）

5 朝鮮中近世の公文書と国家——変革期の任命文書をめぐって——
川西裕也（日本学術振興会特別研究員ＰＤ）〈第四回三島海雲学術賞受賞〉

（著者の所属等は刊行時のもの、以下続刊）

九州大学大学院人文科学研究院